倾听·追问·改变

徐俊峰 著

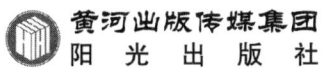

黄河出版传媒集团
阳光出版社

图书在版编目（CIP）数据

倾听·追问·改变 / 徐俊峰著.－－ 银川：阳光出
版社，2020.10
ISBN 978-7-5525-5687-2

Ⅰ.①倾… Ⅱ.①徐… Ⅲ.①中学－学校管理－研究
②中学－教学研究 Ⅳ.①G637②G632.0

中国版本图书馆CIP数据核字(2020)第211389号

倾听·追问·改变   徐俊峰 著

责任编辑   胡 鹏   赵维娟
封面设计   姜立明
责任印制   岳建宁

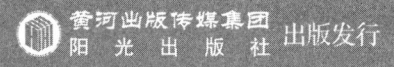

黄河出版传媒集团 阳 光 出 版 社 出版发行

出 版 人   薛文斌
地   址   宁夏银川市北京东路139号出版大厦（750001）
网   址   http://www.ygchbs.com
网上书店   http://shop129132959.taobao.com
电子信箱   yangguangchubanshe@163.com
邮购电话   0951-5014139
经   销   全国新华书店
印刷装订   山东省聊城市新华印刷厂有限公司
印刷委托书号   （宁）0018962

开   本   787mm×1092mm   1/16
印   张   10.75
字   数   160千字
版   次   2020年10月第1版
印   次   2020年11月第1次印刷
书   号   ISBN 978-7-5525-5687-2
定   价   58.00元

序

从老师到校长，数十年的从教之路，内心一直在追问：我要培养什么样的学生？怎样培养学生？我要打造一所什么样的学校？怎样才能办好一所学校？怎样才能让老师教得轻松？怎样才能真正让学生学得快乐、幸福？一连串的问题，常常让我夜难安眠，食不甘味。我不是一个巧于言辞的人，笔下也没有过多的华词丽句，我只想呈现出最真实、最自然、最从容的自己，呈现出我的所思所想和内心深处那些挥之不去的追问。

有几点感悟，是深深印在我心里的，也是我数十年来为之付出心血和汗水，并倾尽我的才智去实践的。

感悟一：以德育人，才能走得更远。

人无德不立，修德是做人之要、立身之本。青少年的成长，不仅需要知识的积累、技能的提升，更需要道德雨露的滋养和良好品行的塑造。家庭是人生的第一所学校，家长是孩子的第一任老师，要给孩子讲好"人生第一课"，帮助孩子扣好人生的第一粒扣子。可有许多让人痛心的例子，有些孩子，就是因为第一粒扣子扣错了，以至于后来的每一步都是错的，等到大错铸成，使得最后一粒扣子显得那么碍眼，那么孤独，那么无助，这是作为一名老师最不愿意看到的。一想到这些，我就深深地感到，自己肩上的担子是那样沉重。人生没有回头路，身为教师，哪怕百分之一的失误，但对于那位扣错了扣子的学生，他的人生，他的未来，都有可能是灾难。如果因为老师的过错，让一个孩子在踏上人生之途的时候，因为一步错，进而步步错，那是不可原谅的。正是因为有这样的反思，我常常在梦中惊醒，不断地给自己敲响警钟。如果人生真如扣扣子那样该多好，扣错了大不了重新扣一遍。只可惜，人生的扣子一旦扣错，可能就意味着永远失去了补救的机会。

我们知道，真正的教育从来不单单是学校的责任，它是家庭、学校、社会共同的责任。一个孩子，自从进入学校，他就开启了一种崭新的生存模式，在家校之间，老师是一座桥梁，是一双手臂，更是一种召唤和引领。所以，我愿意让自己的角色意识和责任意识更强一些。我不能允许一个孩子在课堂上、在班级里、在学校里，出现扣错扣子的事情。我经常和孩子们一起"吾日三省吾身"，一起时不时地做个"全身检查"，我们检查自己的扣子，监督同伴的扣子，看看有没有扣子扣错的事情发生。我们坚持"有则改之，无则加勉"。我精心打造每一节课，精心设计每一个活动，我们的所有努力，都只有一个目标，那就是渗透、提升、激励，那就是让每一个孩子，都扣好他们人生的第一粒扣子。"少年智则国智，少年富则国富，少年强则国强"，我要让身边的每一个孩子，都能扎根德育的沃土；我要让身边的每一个孩子，都迈好人生的第一步。只有根基牢固，才能枝繁叶茂，只有步子稳健，才能走得更高走得更远。

感悟二：科研引领，才能走得更快。

长期的教学实践使我养成了凡事问个为什么的思维习惯。教学即研究，问题即课题，追问是教学突破的不二法则。当我走上校长岗位，我引导老师们把学科教研当成自己的本分，经常组织老师开展"学校要发展，教研怎么办"大讨论，成立了以学科教师为主的"研修提升之家"，学校给学科教师订阅了大量的教科研方面的报纸、杂志，为教师进行校本研究和课题研究提供了便利。逐渐地，老师们把教研变成了常态化工作，在问题提出、课题形成以及研究过程中体验到了作为教育科研者的尊严感和自豪感。"学而不研则浅，研而不教则空"，实践证明，只有将教研内化为教师的基础性工作，活动的开展才是高效的。教育是科学，每一位老师都应该具有研究者的心态，为此，我不惜付出大量心血，探索出一套科研引领的"独家秘籍"，最终形成人人教研、人人思研，以研促教、以教促研的良好态势。我们的"研修提升之家""课题研究苑""幸福阅览室"等，都是校园里盛开的教研之花。科研引领，使我们在科学办学的崭新路子上走得更快。

感悟三：模式创新，才能走得更高。

我不讳言模式，是因为，我对模式有正确的认识。一种教学模式的诞生，是一种教学思路和教学思想成熟的标志。模式不是守旧，相反，模式是创新，是创造。一种新的模式一定是新的教学理念的体现。模式不是一成不变的。它是随着新的探索、新的追问而不断调整、不断完善的。科学就是一个新的平衡打破一个旧的平衡的产物。模式创新是为了适应学生身心发展的良好生态环境而产生的，它的目的就是要适应自主、合作、探究的学习理念。模式的使用更不是僵化的、教条的，而是根据不同学科、不同内容，因生而异，因师而异，因内容而异的。好的模式永远是让师生如鱼得水，而不是捆绑师生手脚的枷锁。课堂流程设计只是提供一种可能性，课堂本身是丰富多彩的。模式不是老师照本宣科的教条，更不是老师不思进取的理由。依据学情生情，认真取舍，为我所用，并在教学实践中不断地去丰富和完善，完成由形似到神似，由必然到自由的过程，这就是模式的意义所在。勇于创新，敢于尝试，即是模式对老师提出的要求。学校追求的目标，就是创造一种生机勃勃的活力，就是模式引领下的再突破和再创造，只有这样，我们的学生，我们的老师，也才能攀得更高。

感悟四：自主学习，才能走得更稳。

学生永远是学习的主人，老师是学生这台机器的发动者、引领者、陪伴者和参与者。学校的使命就是给学生提供一个适合孩子成长发展的良好环境。我尤其看重学生阅读能力的培养，在学校里，阅读一直是孩子们学习的主要方式和基本形式，培养每一个孩子的阅读能力，就成为每一位老师的职责。让每一位老师成为阅读者，让每一位学生跟上老师阅读的脚步，让阅读成为习惯，让校园真正充满书香，这才是"书香校园"。用阅读引领师生境界，用阅读开阔师生视野，用阅读濡养师生精神，最终，用阅读塑造师生的精神面貌，这是我的追求，也是我所追求的学校应该有的样子。

教育，是塑造人的灵魂的职业；教师，被称为"人类灵魂的工程师"。这是一个特殊的职业，它特别要求教师的职业操守和职业道德。教育需要情怀，需要热心，需要用心，更需要耐心。教育者的步伐不能代替被教育者的步伐，教育者的思维不能代替被教育者的思维。一粒种子，它所需要的，就是合适的阳光、水分和空气。一位园丁，他最幸福的，就是满怀欣喜，凝视着每一粒种子，在合适的环境里生根、发芽，伸展它的枝叶。而园丁所能给予的，就是让每一粒种子都自信、阳光、灿烂地成长。教师的最高境界，就是在自己辛勤营造的环境里，静待花开。舍此，还有什么呢！

徐俊峰

2020 年 3 月 8 日于聊城

目 录

contents

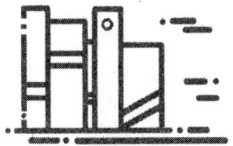

第一辑

名校之旅

以德育人，创新学校文化建设

在长期的教育实践中，我深深体会到，优秀的传统文化是孩子成长的必要课程，良好的校园氛围和校本课程，是立德树人的重要抓手。近年来，聊城第五中学以文化立校、科研兴校，五育并举，以德为先，引导优秀传统文化进课堂，营造浓厚的校园文化氛围，打造书香校园，推动学校教育教学质量全面提升。我越来越感到，良好的氛围既能激发人、唤醒人、教育人，又能让心灵更纯粹、更高尚、更富于奉献精神。每一位教师在这片文化净土找到了自己灵魂的归宿、事业的归宿，也体验到了成功的甘甜和人生价值得以实现的幸福。

细微之处见精神，一枝一叶总关情

夏日清晨，当你迎着初升的第一缕阳光，走进聊城五中校园，你一定会为校园的美景所感染。迎门一方硕大醒目的泰山石，有山的连绵、起伏，也有山的沉稳、自信，更有山的质朴、浑厚和力量。校路两旁，绿树迎风，花枝招展。这里的每一棵树、每一片草，都精心设计过。教学楼间的空地上，是一座帐篷式的读书亭，亭下石桌石凳，纵横蜿蜒的鹅卵石小路如梅花肆意开放，五彩斑斓。这所美丽的校园让学校的每一个人都倍加珍惜，细心呵护。这种由师生共同营造的艺术氛围，使校园的每一个空间都具有陶冶情操的功能。校园的一景一物，都体现了学校文化育人的理念，构建出浓郁的美育氛围。这优美的环境，无时无刻不散发着"润物无声"的育人馨香，熏染着学生从小向美向善、热爱生活、健康向上，使学生在耳濡目染中感受美、体验美，享受身心的愉悦。

学校的每一面墙都体现出厚重的文化气息。大厅的廊壁上是一棵巨大的"教师树"，树干遒劲，枝叶茂盛，每一枝每一叶上都引出一位教师的照片和姓名。老师们来到树下，能感受到自己就是这棵大树不可缺少的一分子。教学楼外，是一幅幅孔子、孟子、荀子的画像和人物介绍，他们面容慈祥，满目睿智，仿佛正在谆谆教诲着莘莘学子："学而时习之，不亦说乎？""富贵不能淫，贫贱不能移，威武不能屈，此之谓大丈夫。""学不可以已。"楼道里独具特色的阅读长廊，生机勃勃的艺术长廊，"心之声"壁报栏里精美的文章，无一不让师生流连忘返，沉浸其中。校园文化设计的初衷，就是让孩子们一跨进学校的大门，所看到的一切都是美好的，所听到的一切都是温暖的，所闻到的一切都是香甜的，从而让他们得到里里外外的熏陶，获得自始至终的享受。

班级文化是学校着力打造的又一道风景。学校充分发挥班主任、任课教师和全体学生的积极性，倡导创造富有活力和魅力的班级文化，使班级管理成为一种风格，成为一种文化的积淀，以此来激励学生奋发向上。而这所有的设计理念和呈现方式，也都凝聚着全体师生的心血和智慧。我们经常发动全体五中人为美化校园献计献策，一经采纳，就会获得学校颁发的"金点子奖"。

我们将一条长长的教学楼廊道，建成了阅读长廊，廊道的一侧摆满了书架，书架上是全体师生自发捐献的图书。饭前饭后，乃至班空休息时间，同学们都会来到这里，或席地而坐，或倚墙而立，他们拿起自己心爱的图书，读得如痴如醉。常常是高、中、低年级的同学一同前来，共同搜寻。只要来到长廊，这里总是安静的。同学们读完了会自觉地把图书放回原处，自觉地维护着这里的宁静。此前，我们对校园的墙壁进行科学的设计和合理的布置，赋予每一面墙、每一个角落不同的功能。即使在地下停车库的坡道上，我们也设计了国防教育和安全教育的图画及文字。我们的目的，就是让每一面墙活起来，让每一次驻足，每一眼浏览，都能触及温馨的提醒和醒目的劝勉，加上老师的因势利导，长期耳濡目染、潜移默化，我们相信，送给孩子一粒种子，他就一定会还给我们满园春色。初时的"草色遥看近却无"，终会迎来"万紫千红总是春"。那些板报长廊、文化墙壁上的校训、警句，楼道口、走廊上悬挂的名言，楼梯台阶上的提醒宣传，教室外墙的展示台……它们如一张张春天的笑脸，无时不在展示着学校的情怀、老师的情怀，也为师生提供了展示才华、张扬个性、实践创新的平台。美丽温馨的校园文化，成为学校一道亮丽的风景。

书香校园溢芬芳，熟读深思寸心知

有人说过，一个不爱读书的民族，是没有希望的民族。更有人说过，一所学校，最怕的是一群不读书的老师去拼命地管理一群不读书的学生。这句话虽然有些危言耸听，但也说出了现在学校的一些不良现象。细究起来，一是家长的急功近利，只重成绩，不重素养。二是依然存在着许多干扰项，随意地占用老师和学生的时间，扰乱了校园的安静。作为学校，尤其是作为一校之长，一定要有定力、有耐心，要旗帜鲜明地呵护，坚定明确地支持，用心用力地培育，让每一位老师成为阅读者，让每一位学生跟上老师阅读的脚步，让学校充满宁静和安详，让琅琅书声唤来朝阳，让默诵深思送走夕照。更要用心去唤醒师生灯下阅读的雅兴，让阅读的习惯深入人心。只有这样，我们的学校才不枉为学校。正是基于此，我大张旗鼓地在学校开展书香校园建设，用阅读引领师生的境界，用阅读开阔师生的视野，更用阅读濡养师生的精神，我认为，这是一所学校的天职，也是一位校长的天职。开展"书香校园"建设，是打造校园文化的重中之重。师生共同成长，书香浸润校园，让师生在与书为友的过程中健全人格，成就乐学善教、厚学致远的品质，这是我的追求，也是聊城五中人的追求。

教师阅读是引领。读书，是丰厚一线教师文化底蕴，促进教师专业发展的最佳方式，也是教师成长的"第一推力"。学校以构建"学习型学校"活动为抓手，广泛开展全校性读书活动，力创"热爱读书，学会读书，快乐读书"的书香校园。在活动中，校长率先垂范，在广泛开展自由阅读、学科阅读的同时，学校还定期购置并向教师推荐图书。例如，推荐老师认真阅读魏书生、李希贵、佐藤学等当代教育名家的专著，让他们进行深入的思考并作批注，定期开展老师的学习交流活动，谁读到一本好书，及时向全校教师推荐。老师们阅读了王金战老师的《英才是怎样造就的》、李镇西老师的《做最好的老师》、郑杰老师的《给教师的一百条新建议》、陶继新老师的《做幸福的教师》等20余种图书，并及时写出自己的心得和感受。教师读书活动的开展，不仅进一步激发了老师的读书兴趣，培养良好的读书习惯，更让老师们通过读书，在灵魂深处储存了一笔精神财富，让知识因传播而美丽，让心灵因交流而贴近。老师们深深感受到，走进阅读就是走进了一位智者的内心世界，与崇高对话，与灵魂对话。与大家交流的过程，就是提升自己的过程。我们也欣喜地看到，全校教师读书活动的深入开展，不仅大大提升了教师个人专业化水平，也时时改变着每一位教师的精神面貌，促进了学者型教师和研究型教研组的形成，营造了良好的学习研究氛围，这是书香校园建设获得的丰厚回报。

学生阅读是习得。我们从制度制订上保障了学生阅读的时间和空间。首先，形成了学生晨读制度。引领学生早晨自觉进教室放声读书，做到晨读书声琅琅，整个校园洋溢着书香的气息。其次，开设阅读课。每班每周，不管是哪个年级，一律保证不少于两课时的零干扰阅读时间。学校有专门的学生阅览室和丰富的阅读书目。再次，开放学校图书室，为学生创设借阅平台，学生可以定期借阅。最后，在每一个班级教室开设图书角。我们希望，每一个孩子背上书包进学堂后，都能成为一个会阅读的人，成为一个爱读书的阅读者。让每一个孩子从小养成好读书、读好书的良好习惯，让他们立志做一个聪慧、睿智、有品位的人，从而为孩子的终生学习打下良好的基础。

活动创新促发展，仪式提升促成长

亲身参与一次活动强过十次干巴巴的说教。我特别看重活动育人，一次活动全员提升。为此，我们设计了精彩纷呈的校园活动。学校的常规仪式和典礼有升旗仪式、师徒结对仪式、开学典礼、毕业典礼等，我们将其作为学生精神补充的燃料库。学校还定期开展各种文体活动，如运动会、诵读比赛、歌咏比赛、课本剧场、演讲比赛、古诗词大赛、辩论会、综合素养展示等。各种活动由校团委、学生会、教务处、政教处统筹安排，统一节奏，次第进行。定期举行的仪式和典礼，可以鼓舞士气，振奋精神，也可以增强文化的凝聚力。丰富的校园活动既激发了学生创新的热情，又充分地展示了学生的个性，让整个校园更加充满活力。我们充分发挥黑板报、校报、宣传橱窗和广播站的作用，创办了各种兴趣小组，同学们按照不同的兴趣爱好，参加到一个或几个兴趣小组中去。我们还充分利用多媒体、网络、报刊等，及时宣传优秀师生事迹，树立身边的榜样。

具体说来，各种活动的设计要实现"常规化、系列化、特色化"的总体要求。常规化：每年的体育节、科技节、合唱节、艺术节、读书节、戏剧节以及感恩报告会、升旗仪式、国旗下的讲话、学雷锋系列实践活动、节日教育、军训汇演活动等。系列化：初一新生军训、建设节约型校园、法制报告会、运动会、乒乓球（篮排球）比赛、师生安全疏散演练、演讲比赛、征文比赛、歌咏比赛等系列活动以及大型主题教育活动。特色化：设立书画、舞蹈、合唱、棋类、综合实践、科技创新、阅读、写作、播音与主持、美工设计、编导等特色课。

巧手绘春色，文化铸校魂。各类校园文化活动的开展，既丰富了师生的课余生活，陶冶了师生的情操，又提高了孩子们的文化素养和审美能力，提升了中学生的核心素养。

校本课程显特色，个性发展有路径

校本课程是体现学校特色、实现学生个性化发展的有效途径，同时也是实现学校办学宗旨的有力支撑。学校充分利用社会资源，开设各种有益有效的校本课程，根据学生需要，进行科学评估，最终确定校本课程的核心内容，确保课程与学校的育人理念相吻合。在此基础上，鼓励每一位教师都参与到校本课程的开发和使用当中。通过全体教

综合实践课

师的参与，教师们认识教育资源的普遍性，逐步熟悉了课程的开发和形成过程，丰富了自己的知识面，甚至也发现了自己潜藏的优势，使每一位教师实现了由课程使用者到课程开发者的角色转变，促进了教师专业成长。学校先后设置的课程有科技创新、综合实践、手工制作、合唱、舞蹈、健身操、国际象棋、乒乓球、足球、书法、绘画、阅读、写作等30余种。

学校完善了课程开发与使用制度。将校本课程排进课程表，要求校本课程像国家课程、地方课程一样，教师要认真备课、上课、研讨、评估。对学生的成果，及时报送、参赛、展览，并做到及时反馈总结。做到了校本课程

与国家课程、地方课程的相互补充、相互促进，让每一位师生真正成为最大受益者。

以学为主新模式，以生为本新课堂

坚持课堂主阵地，打造高效课堂。课堂永远是学习活动的主阵地，教师要决胜课堂，向课堂四十分钟要质量、要效率，就必须探索课堂教学规律，遵循课堂教学规律。以学为主，"生本课堂"，着力打造"115"教学模式，是我们一直追求的目标。让每个孩子都参与到学习活动的每个环节中去，让每个孩子经历学习的全过程，体验成功的快乐。课堂学习，一定要关注学习的真实情景，关注学生行为的变化，注重情感体验，只有这样，才能触发学生学习的兴趣，长久地保持学习的热情。在课堂上培养孩子的主动精神，培养学生对自己和他人负责任的精神，也只有这样，才能让学生真正体会到成长的幸福与快乐。

在这个过程中，我们首先要注重发挥骨干教师的示范作用，指导课堂教学。组织省、市、区级教学能手进行优质课、公开课的评选，全体备课组成员观摩研讨，提升教师的授课水平。其次，通过"走出去，请进来"，加强同名校之间的校际交流，及时吸收先进的教学理念和管理经验，提高教师素质，优化教师队伍，追求教学艺术，提升课堂效率。

制度管理科学化，遵章守纪五中人

抓实教学常规，规范教学行为，提高课堂效率。我们要求老师在教学质量监测方面，注重考查学生的基础知识、基本技能和实践创新能力，监测试题难易程度，从而适应不同层次学生。监测方法采取纸笔监测、面试监测和实际操作监测相结合。监测类型为集中监测、随机监测、特长监测三种。集中监测按巩固率、平均分、及格率、优秀率四项赋分。随机监测按平均分、及格率、优秀率三项赋分。特长监测按比赛获奖、特长展示、大课间活动等项赋分。监测完成后，写出质量分析报告，根据监测结果，调整教学思路，优化课堂教学，大面积提高教学质量，并作为评价教师教学质量的依据。对于教师的课前、课中、课后和作业批改等各个环节，学校都制订了系统全面的规章制度，形成了以制度管人、以制度约束人的良好运行局面。其目的就在于进一步加快教改步伐，全面深化课程改革，着力提高课堂教学效率。

文化浸润苗茁壮，阶梯攀升谱华章

作为一所新建学校，正是抓校风、树形象的关键时期。学校文化建设就成为我们特别关注的建设热点。好在全校师生上下同心，使我们在较短的时间内就取得了不错的成绩。目前，学校有省、市级课题十几项，市、区级教学能手40多位。在2019年的区教学能手评选中，我校有多位教师再获"区教学能手"荣誉称号。2019年，聊城市"水城之星"颁奖大会、聊城市古诗词大赛、山东省"讲好中国故事"大赛、山东省"戏剧节"聊城赛区比赛、山东省曲艺文化进校园等大型活动依次在我校举行。学校已经步入了阶梯攀升的良性轨道，教育教学质量保持稳步提升。与此同时，文化立校、科研兴校的氛围日渐突出，比、学、赶、帮、超的文化氛围浓郁，教学亮点纷呈。全校形成了以"文化建设"促发展，以"五育并举"求质量，以"社团活动"为龙头的办学理念，构建了一套定位清晰、内涵丰富、与时俱进的学校文化体系。聊城五中将以规范化、示范化、生态化为目标，以全力打造全市城乡结合部初中教育新高地为己任，努力提升全体师生的文化素养和精神品位，再鼓劲，再努力，力争百尺竿头，更进一步。

科研引领，铸就名校发展之路

五中建校之初，我是伴随着校路铺设的机器轰鸣声来到这所学校的。2017年，一所崭新的九年一贯制学校——聊城五中，在一片废墟上拔地而起。"5"字形连廊式的教学楼宽敞明亮，高标准的体育馆，带有塑胶跑道的风雨操场，还有校园里大面积的草坪和点缀着的鲜花。这座高起点、高标准的校园，以她不俗的姿态，迎接全市人民期待的目光。面对着政府筹资兴建的校园，我和全校师生一样，有兴奋，更有沉甸甸的压力。建校之初，全体教职工仅有24人，第一年只有4个教学班，178名学生。建校三年来，在各级领导、专家的亲切关怀下，在社会各界的大力支持和全校教职员工的共同努力奋斗下，学校发展成为拥有36个教学班、100余名教师、2000余名在校生的规范化学校。回忆两年多的发展历程，我们深深感到，遵从教育规律，科研兴校，将硬件的高标准融入管理的高起点，是学校发展的制胜法宝。学校带领全体教职员工，不断探索提升素质教育水平的新途径、新方法。这中间，学科教学管理和教研创新是最值得我们骄傲的绚丽一环。通过强化学科教研建设，突显了教学的横向管理，促进了教师素养提升和专业成长，教学加科研，使学校教育教学产生了"1+1＞2"的良好效应。

擦亮学科教学管理的牌子，让教育科研的道路越走越亮堂

在建校之初，我们就选择了教育教学管理重心下移到各个年级的方式。老师们由原来的按学科教研组办公，转移到各年级组和班级的区划里。这种体制下的年级组，管理职权明晰，目标具体，运转高效。各年级组为了本年级能取得优秀教学成果，工作积极主动，在这种方式的推进下，教学成果取得了一定的成效。但在具体实践中，我们发现，这种方式依然有它的不足。时间一长，这种独轮行走模式的弊端也显露出来。一个级部的运转周期是以三年为一轮，三年以后这个组织的教师又会重新调整。让一个只有三年期限的行政化组织有长远的学科专业追求、长远的教育教学规划是不现实的。学科组在教育教学中应起的作用与师生的期望值之间的差距越来越大。如何突破这一瓶颈，成了摆在学校教育教学面前的一大难题。

在"不忘初心、牢记使命"教育活动开展之际，我和班子成员走进教师，广泛调研，征求意见。我组织老师们展开了"学校要发展，教研怎么搞"的大讨论，连续召开各种座谈会，听取班子成员、中层和骨干教师以及全体员工的呼声，方向越辨越明，思路越辨越清。最后，学校做出了成立以学科主任带头、强化学科科研组织建设的决策。目的是在横向上加强教学管理，变级部"独轮行走"为级部和学科组"双轮行走"。新创建的学科组就像各具特色的兵种，学科主任就是每个兵种的指挥官。加强学科组的建设、引导，激励每一位教师向专业成长的目标挺进，极大地促进了教师的自我发展、自我提升，课程改革也就成了每一个学科、每一位教师自己分内的事。

说干就干，想好了的事就要雷厉风行。学校制订规则，采用公开竞聘、自由竞争的方式，让那些在学科教学中有经验、有热情的教师，充分表达自己的教研思路、施政纲领。这种方式本身，也是让全体教师接受一次科研兴校理念的教育和洗礼。最后，经过激烈竞争，在年级组和学科教师民主推荐，领导班子集体评议的基础上，学校任命各学科的学科主任。学科主任具体负

责各学科的教学教研工作，推进本学科教师的专业发展。他们可以代表学校参加本学科的教研活动，必要时可以直接向校长汇报本学科教学教研工作。学校对学科主任的工作给予大力支持，在活动开展、经费使用等方面大力支持。为促进学科主任的成长，学校创造机会，选派他们外出学习。学校还特邀青岛三十一中原红校长来校为全体教师进行培训。学科教研组织和团队建设，强化了"教"和"研"两方面的职能，在此基础上，学校通过教研团队综合量化，让学科组从"要我干"变成"我要干"，使"我要学""我要听课""我要研课""我要研究"成为各学科组内所有教师的共同心声，学校教研活动蔚然成风。

以精细化管理促学科教育科研上档次上台阶

（一）教学即研究，让学科教研之风吹绿校园

学科建设的目的，是让学科教研成为教师的本分，让学科组成为教师的真正"娘家"，成为全体学科教师的"研修提升之家"。学校给各学科教研组分别订阅了各种教育类报纸杂志，学校的校本教研和课题研究也成为教学和教研的常态，老师们也真正体会到"教学即研究"的真谛。教研，真正成为促进教学的利器。在问题提出、课题形成及研究的过程中体验到教育科学研究者的尊严感、自豪感和自信心。教师们说，教育是科学，那就不是哪一个人说了算，而应该是经过验证的结论。按科学办，循规律走，尊重教育，就是尊重科学，如此教育教学的随意性就没有了市场，也只有将教育深入到教研的内部，真实地触摸教育的细枝末节，教师才会真实地体验到教育的幸福和乐趣。山东省"十二五"规划重大招标课题"促进学生学习的课程整合研究"已顺利结题，2019年，学校课题组成员又申请通过了山东省"十三五"教育科学规划课题"家校协同，提升中学生道德修养策略研究"，同时还申请了3项聊城市教育科学规划课题和5项东昌府区教育科学规划课题，每一位教师，都有1项自己的校级课题。学校提倡"人人做科研，各科有抓手，学

校无小事，事事育新人"，全校员工，从教工至职工，人人想问题，人人有研究。课题的过程性材料积累和成果汇编成为教师开展教研的真实记录。学校制订规章，每周每学科至少有一个半晌的时间固定下来，确定为学习和研讨时间。例如，语文组在每周三的下午开展教学研讨，数学则在每周四的下午，定期开展学科研讨。学校从校长、副校长到年级主任、各部门中层和其他教师，一起参加到各个学科中去，开展和参与教研活动。并且特别要求，各位校长在教研活动中，不能先入为主、喧宾夺主，更不能以势压人，影响教师们意见的表达。校长们的参与，是做榜样和表率，以促进教育教研活动的真实开展。

积于学校初创，青年教师多，教学水平参差不齐的现状，学校以学科组为主导，研究制订了符合学校实际的"115"教学模式，学科组同时开展了"结对帮扶"活动，安排每个学科采取以老带新、以优带新的方式，将全体青年教师纳入到师徒结队的活动当中去。"教而不研则浅，研而不教则空"，在"115"课堂教学模式基础上，学科组整合了本组的课程资源，将这一模式学科化、个性化，形成了自己学科乃至教师个人的课堂教学模式。实践证明，只有将教研活动变成了教师自己的事，活动的开展才是真实有效的。思想品德组提出"真实学习"模式，语文组强化读写联运教学思路，数学组探索"生活中的数学学习法"，英语组提出"情景读说教学"等，各组均有自己的学科教学创新和教法创新。正是在学科模式的基础上，各学科努力让每一位教师结合自己的教学特点建立自己的课堂教学模式，并追求最终形成自己的教学风格和教学特色，从而成就自己的专业之路，打造一条通往名师的道路。

（二）问题即课题，培养一双会发现的眼睛

学校将各学科的公开课活动整合为"随机抽取常态课""学科组代表评价课""青年教师课堂教学比赛""骨干教师风采展示周""课题研究成果展示周""师徒同课异构"等多种形式。"随机抽取常态课"，即每天不定时在教务处抽签决定听谁的课程，抽到的老师立即带学生来公开课教室上课并同时带来教案、本人听课记录和作业讲评手册，课代表同时抱来本班学生作业。来听课的教师每人发放课堂评价表，现场对所听的课进行评价，对讲课教师的评价情况均由教务处计入教师考核。"学科组代表评价课"是在每个学科组内抽取一名教师上公开课，学科组、专家组现场打分，作为本学科组每一位教师的讲课分计入量化考核，有效地实施了学科组的捆绑式评价。学科组内每学期开学前完成本学期公开课活动安排，每次活动之前，及时把活动安排、活动主题和活动要求下达到全组，让每位教师有计划、有选择、有目的地自主参与到听课、评课活动中。经过几轮活动，教师的教育理念和教学实践经验能较自觉地融入备课—听课—评课的过程，研课的习惯已经形成，活动的效果和活动方式得到学校领导和教师的一致认同，教师们在活动中也得到了锻炼。

学校通过听评课制度规范教师的教学教研意识和行为，实施教研制度下的有效管理，让学科组进入良性循环状态。在各种评课赛课活动中，我们首先提出，要为发现问题而听课，为解决问题而上课。在每一次公开课上，教师首先要明确，自己这次公开课是针对课堂上发现的哪一个或哪一类问题而上课的。课后要针对课堂解决问题的思路展开评课。这样，让每一次公开课都成为教师思想深化、教学进步的阶梯。所谓"无规矩不成方圆"，没有一个可以遵循的工作思路，就不能很好地开展工作，教研也是这样。学校的一系列听评课活动，各学科强有力地推进，使教师们"问题即课题"的意识越来越深入人心。如今的校园里，人人教研，人心思研，以研促教，已经形成良性的循环。

（三）普及与提高，让每一位教师分享成长的快乐

在加强学科组建设过程中，我们认识到只有点面结合，科学设置学科活动内容和形式，将学科组建设融入整个校园文化氛围中，使教育回归到"人性"，有效吸引教师积极参与、乐于参与，从中体验教学与研究的乐趣，这

样才能增强凝聚力，提升教育的感召力，扩大影响力。

第一，以整合教材为核心的集体备课是学科组活动的基本内容和形式。在个人研读的基础上实现集体的互动和交流，使教研不至于停留于低水平重复而无趣。第二，采用课题研究的形式进行创新，由无中心议题的"闲谈式"教研变为主题明确的专题推进，既用科学研究的方法解决教学和课改中面临的实际问题，同时将学科组建设推向更加广阔的发展空间。第三，鼓励教师参加各级各类教研活动。请进来，走出去，与专家、同行一起探讨教学规律，加强对青年教师的培养，做好传帮带的工作，在实际工作中大胆使用，创造机会。我们清楚地认识到，工作的能力是在工作实践中形成，只有敢于使用、大胆使用，给青年教师压担子，也才能"逼"他们在实际工作中快速成长。

"宝剑锋从磨砺出，梅花香自苦寒来"

加强学科组建设，让教育充满生命活力，让每一位教师享受教育的幸福，今天的聊城五中已经做到了，形成了百花齐放、千帆竞发的良好局面。

加强学科组建设，更加和谐了师生关系，教师教得高效，学生学得有效，师生精神面貌为之一新，课堂效率进一步提升。学校以学科组为载体，进行了"活动即教育，参与即成长""校本课程与校本课题开展"两项教育教学新尝试，均取得重大成果。学校涌现出水城名师1人，东昌名师2人，省、市、区级教学能手46人，有国家、省、市级优质课获得者35人，我本人也被评为"水城名校长"。全校发表教育教学专著、各级论文共计百余篇（本），先后开展省、市级科研课题10余项，开发校本课程几十项。《中国教育报》《中国教师报》《现代教育报》《语言文字报》等媒体给予了翔实的报道，我本人应邀在全省素质教育论坛及全市中学生核心素养表彰大会上做专题报告，受到广泛好评。成绩属于昨天，前途更加灿烂，我们将牢记使命，砥砺前行，走出我们自己的名校之路。

模式创新，探索课堂改革新途径

要创设适合学生健康成长的良好生态环境，就必须在培养孩子独立思考的良好习惯上下功夫。模式创新的关键，就是要创设自主、合作、探究的学习方式，打造师生、生生学习共同体，把突出和强化学生核心素养当作课堂教学的主要目标。只有这样，才算是真正体现了素质教育。学生始终是学习的主体、体验的主体、感悟的主体和发现的主体。在这样的背景下，给老师的角色重新定位。老师是孩子成长的陪伴者，是课堂学习的引导者和参与者，是导演，又是伙伴。同时，教师又是一位学习者，是学生成长的示范者。教师永远不要忘记身教胜于言传的道理，教师的成长和发展本身，就是对学生的最好参照。

德智一体，以德促智，是学校育人的真谛

聊城第五中学是新建学校，是政府为提升办学条件，改善全区教育环境，解决大班额问题而投资打造的一所民心工程。学校的硬件设施较过往发生了根本性的改变。高标准的运动场、餐厅、实验室、教学楼和现代化的多功能教室，为师生的工作学习提供了优越的条件。有了良好的条件，不等于就有了优质教育。学校创建之初，就把构建以人为本的校园德育环境放在了重要位置。这是因为，只有打造良好的育人环境，才能引导学生树立正确的人生

观、世界观、价值观，才能让学生产生学习的强大动力。学校图书馆和师生各具特色的阅览室成为丰富师生心智的港湾。草坪上竖起了爱护花草树木的提示牌，丰茂的各种观赏树木挂上了知识性解说牌，教室内外装饰了各种有益于学生身心健康成长的宣传招贴。孩子们在这样优雅的环境中，宛如置身园林，使人心旷神怡。学校校园网络、电子平台的建设，让师生网上交流更加方便快捷，成为信息共享的乐园。

学校倡导发起了和谐校园建设和书香校园建设活动，充分发挥校园文化的特殊教育作用，学校下大力气开展育人环境建设，倡导活动育人。学校利用节日教育实践活动、师生综合素养展示、新年联欢、文学社、爱心驿站等活动，极大地丰富了同学们的学习生活，使同学们从中获得了生活的乐趣，陶冶了情操，培养了气质，提高了素质。同时，和谐的师生关系营造出了高品位的校园环境，尊师爱生，蔚为风尚。

在强化环境育人、人文育人的同时，学校还通过各种方式，培养学生形成健全的人格，形成蓬勃向上的人生观和苦乐观。学校在抓教学、抓效率的同时，培养学生良好的思想道德。成功教育、生命价值教育、法制教育等各种讲座、观摩、研讨，营造出浓厚的、生机勃勃的育人氛围，鼓励学生奋发向上，立志成才。学校有针对性地开展工作，对不同学生采取不同方式的教育，不同科室分别订立规章，规定由班主任牵头，组成心理辅导工作站，定期与学生谈心、交流，找出存在问题的原因和改进方法。政教处还用心设计主题班会、主体校会，定期开展讨论会、动员会、家长座谈会等活动，为学生努力营造一个良好的思想、舆论与德育环境。

素质教育的重要主题，是面向全体学生。初三年级一直是学校工作的重心所在，面对部分学生底子薄、成绩差、发展参差不齐的现状，学校教师不气馁、不松劲，发扬不放弃、不抛弃的团体精神，通过调度会、座谈会等方式，针对初三学生的实际情况，形成工作纲要。各科室协同，以年级组为主体，面向全体，挖掘潜力，不放弃任何一个学生。由于中考升学而形成的来自各方面的压力，特别容易引起学生心理上的消沉、紧张或焦急，因此，初三老师花力气去琢磨学生在想什么、希望什么、反对什么，认真做好疏导减压工作就很重要。帮助学生分析存在的问题，找出解决问题的方法。通过真心实意的工作，使学生始终保持高涨的学习热情、良好的竞技状态。

学校的工作思路，一经转到为了学生、利于学生、成就学生的轨道上来，就会产生巨大的合力。全体教师达成共识，提出人人既是教学人员，又是思想心理辅导员的全员抓德育的思想。无论是校长、班主任，还是学科老师，不管谁发现学生思想上、心理上的问题，大家都相互沟通、相互协商。对重点学生的重点问题，大家齐抓共管，而且定期召开各班的学情、教情分析会，研讨本班学生的学习思想现状，提出具有前瞻性的、预案性的建议。全员抓德育，促进了老师的大局意识、团队精神的形成，人心齐，泰山移，和谐校园所生发出的生产力是难以估量的。

提升教师素养，为每一位教师的发展架桥铺路

学校的发展，学生的发展，归根结底是教师的发展。只有建设一支业务精良的教师队伍，才能育好人，打胜仗。校本教研是实施新课程的不竭动力，学校始终把深入扎实地开展校本教研活动放在重要位置，实施了"创建师生幸福成长"工程，以实现教师幸福敬业、学生快乐求知为目标，提出了以开展校本教研为核心，构建具有五中特色课堂教学模式，全面提高课堂教学效率的工作思路，为建设一支高素质、讲奉献的教师团队和教师长足发展铺路。全校教师形成了"忠于职守，勤于探索，养德炼才，教书育人"的优良作风，造就了一支观念超前、师德高尚、业务精良、素质全面，具有强烈责任感和较高学术修养、富有创造力的教师团队。

以名师工作室为抓手的教科研活动丰富了教师的教学生活。学校开展传帮带活动，举行隆重的仪式，师徒结对。同时，采用请进来、送出去的办法，为年轻教师举办各种讲座，让青年教师参加各种培训。学校每周举行教研活

动，开展大集备，实现了教学进度、备课的大统一。一大批教师在各级优质课、教学能手评选活动中崭露头角，取得了骄人的成绩。学校积极创造条件，关心青年教师的成长，使他们学有目标，赶有方向，做有动力。从而激发了教师学习新的教育理论、提高教育水平的热情，一大批优秀的青年教师脱颖而出。

充分了解教师。公正地评价教师是树正气、立新风的重要手段。随着素质教育的逐步深入，旧的教学评价体系的弊端越来越明显。学校从改变以往陈旧的课堂评价入手，遵照以学为主、变教案为学案的教学理念，制订了新的课堂教学评价体系，使评价体系既成为衡量教师教学的杠杆，又成为促进教师专业成熟、促进课改的润滑剂和催化剂。具体说来，就是实现评价体系的六个转变：由评教师的讲解精彩度为主，转变为评学生的参与度为主（是否以各种方式自主学习）；由评教学环节的完备性为主，转变为评教学结构的合理性为主（尤其是时间分配）；由评课堂的活跃度为主，转变为评每个学生真正进入学习的状态为主；由评师生简单问答式的交流互动为主，转变为评学生的交流展示为主；由评教师的板书设计为主，转变为评学生的作业、笔记等练习为主；由评教师的基本功为主，转变为评学生的核心素养为主。

新的评价体系的建立，促使教师以积极的心态转变教学观念，使教师进一步明确，教学的过程就是研究的过程。研究学生，研究教材，还要研究学法。老师们不再回避问题，隐藏问题，而是怀着浓厚的兴趣去发现、探究和交流问题。新的评价体系的建立，有力地促进了校本教研的开展，成为开展校本教研的添加剂和润滑剂。

对教师最大的关怀莫过于给他们提供发展的良机，让他们获得充分的自由。同时，对他们取得的成绩，做出合适的评定。学校适应新的发展要求，制订了符合新的素质教育要求的教师成绩评定考核办法，使教师充分体会到了做教师的光荣，领悟到了身为教师的神圣，享受到了职业追求的甜蜜，也得到了相应的回报。以人为本的学校管理体制，极大地激发了老师们的工作热情，也为学校的发展提供了不竭的源泉。

教学策略探索，为提升学生的核心素养竭尽心力

培养学生的核心素养当然不是不要考试，也不是弱化考试，而是在更高的层次上提升人才素质，为学生的个性发展描绘更广阔的前景，为每一个孩子创造发展的机会，让每一个孩子成才。为此，学校树立了"对学生的健康成长负责，为学生的终生发展奠基"的办学理念。

由于学校地处城乡结合部，学生基础差、起点低，要想让每一个学生都有希望、有奔头，开展素质教育是唯一正确的道路。基于这样的考虑，学校组织教务、教研、年级组、学科组的老师开展大讨论，借鉴即墨二十八中等名校发展的成功经验，针对学校发展的实际，经过不懈的努力与探索，形成了一套适合五中发展的课堂教学策略，这就是我们的"115"教学模式。整个教学策略的规划和制订，建立在"合作互助"的新型学习理念之上。具体内容如下：

第一，"合作互助，生态课堂"教学理念的内涵。

一个基点：遵循生命成长规律，追求优质教育。每一个孩子都是一颗刚刚萌发的种子。每一个生命都需要合适的空气、土壤、阳光和水分。教育就是点燃，就是浸润，就是唤醒。由此出发，紧紧围绕中学生核心素养的培养，让学生获得良好的教育。一条主线：以自主学习为主线。学习不能包办，成长不可替代，学习的动力既来自老师的激励和环境的培育，更来自发现的喜悦和成长的快乐，学习的困惑在探索过程中同样可以化为学习的动力。

第二，新授课课堂教学流程。

温故知新→明确目标→自主学习→互助探究→分层巩固。

第三，对流程步骤的思考和解读。

温故知新：提醒和检测。强化"学而时习"的认知，让复习和巩固慢慢固化为习惯。依据：任何新知都是在已有认知基础上建构起来的。

明确目标：学比教更重要，学习目标的展示既可以开门见山，也可以水落石出。

自主学习：一是明白自己应该学什么比教师强迫学什么更重要；二是营造良好的学习氛围比枯燥的问题罗列更重要；三是学习情境比无谓提醒更重要；四是系统学习比支离破碎更有效。依据：以学为主，先学后教，以学定教。

互助探究：小组合作，探究交流。主要任务是质疑解难，感悟交流，认知升华。小组建设一般以四人以内为宜。组员搭配以各层次的同学融合为宜。

"115"合作互助课堂

小组内部还可两两对应，结成对子。小组内设组长，编列发言人顺序。发言也分自由发言和指定发言、主发言和次发言等方式。主要是体现探究交流的全员参与。小组合作的更高层级是班级合作，在小组合作的基础上，如出现更有代表性的问题，或有必要在全班加以澄清和强化的问题，或有必要在全班分享的感悟等，则在整个班级展开。每一层级的探究和交流，都应以学生自主的方式进行，即全班的探究交流活动，也应有预案，由学生主持，老师可在关键处予以帮助。小组合作须注意探究的有效性、问题的针对性，既能起到深化和升华的作用，又让每一位同学有参与感、获得感。依据：学习金字塔、建构主义理论、认知规律、多元智力理论等。

分层巩固：设计分层题组进行训练，及时巩固所学知识。多数学生要完成基础题组，优秀生还要完成学以致用的题组，提高其知识的迁移运用能力。优秀生再帮助其他学生尽力去完成学以致用题组中的一部分或全部题目。依据：遗忘曲线、多元智力理论、因材施教。

在模式实施过程中，我们要求教师要做到以下几点。一是要认真领会。课堂流程的设计只是提供一种可能性，课堂本身是丰富多彩的，不是老师们照本宣科的教条，更不是老师们不思进取的理由。教学环节的设置和选择，最根本的是依据学情和学习内容，认真取舍，为我所用。二是课堂流程作为一种尝试和课堂探索，须在教学实践中不断地去丰富和完善，这需要每一位老师认真思考，使之更好地为教学服务。三是教师的教学要经过由形似到神似，由必然到自由的过程，期待着每一位教师，在教学中勇于尝试，用心于课堂，早日形成自己的教育教学风格，达到"从心所欲"的境界。四是这里的课堂流程只是对新授课的一种尝试，进一步说，只是对一节课的一种设想。每一门课程的学习都是一个小而完备的系统。那么，一门课程，需要整体推进，系统掌握；每一个章节、每一个单元和模块的学习，那是一个系统工程，尤其在学科融合背景下学习，都是非常重要的内容，需要每一位老师去认真思考和探索。

一所学校的发展，其成熟的标志，是形成鲜明的特色，是生机勃勃的活力与和谐奋进的教师队伍。为了学校的长远发展，我们将进一步加强基础教育课程体系建设，强化教育教学改革和教育科学研究。坚持实施名校发展工程。充分发挥全校100余位教职员工的积极性，以全面提升中学生核心素养为主题，以深化课程改革为着力点，以创办人民满意的优质教育为目标，促进师生和谐发展，为学校教育教学质量的全面提升做出更大的努力。

第二辑

家校协同

家校协同育人，促进学生成长

　　教育，是一项需要社会、家庭、学校三位一体协同完成的系统性育人事业，而且这个协同的过程是潜移默化、长时间积累的。我们需要更好地促进家庭、学校、社会三位一体，有机结合，真正形成教育合力，构建良好的育人环境，才更有利于学生健康成长和全面发展。

　　三位一体协同育人的过程，不有任何角色的缺失。教育的社会属性使其具有阶级性和相对独立性，而且受一定的社会政治、经济等因素的制约。而作为培养人的社会活动，教育有其自身的规律，所以在教育的过程当中社会属性往往是通过社会精神对学校和家庭教育的影响来产生的。所以，不借助媒介，直接对育人产生影响的就是家庭教育和学校教育。家庭教育是基础，所以我们往往强调，父母才是孩子的第一任老师。学校教育是对家庭教育的延伸，更是对家庭和社会教育的有效补充，通过社会、学校、家庭三位一体教育系统的构建，可以共同修正对于孩子的教育。在我国传统的教育模式当中，家庭教育一直处于类似"隐形"的状态，对于及时发现并了解孩子的一些潜在问题和培养孩子的潜能作用十分有限。人们往往过度依赖学校教育，忽略了家庭教育和家校之间如何通过协同合作来发现并解决学生的潜在问题并发掘学生的潜能。所以，尝试探索构建有效的家校协同育人模式，是创建教育合力的必由之路。

聊城第五中学是一所九年一贯制的学校，学校非常重视家校协同育人工作。在学校和全体家长的共同努力下，学校正逐步向办学规范化、系统化、科学化和社会化的方向发展，家校共育获得可喜成绩。

明确五育并举培养目标，家校合作协同育人

我国义务教育阶段的培养目标是培养德、智、体、美、劳全面发展的人。

聊城第五中学以德、智、体、美、劳五育并举为培养目标，切实打造家校合作育人新模式。

德育方面的目标是要培养学生热爱祖国、热爱社会、热爱人民，积极传播正能量，懂得关爱他人，要养成明辨是非的能力和不怕困难的良好品德。学校的学习环境是相对单一的，学生以学习科学文化知识为主。在校内学习的过程中，与同学之间相处也往往不会有大的矛盾。在这种情况下，明辨是非等能力的培养往往是以说教形式为主，难以引导学生切身体会和感知具体道理。此时，就需要家校共同合作，需要家庭教育的补充。家庭是社会构成的基本元素，是社会交往的基础单位，在此基础上家庭教育就是具有开放性的社会交往活动，在这些社交活动中，可以抓住时机，合理培养学生的民族情怀，培养学生关心他人、不怕困难、明辨是非、文明礼貌的好品质，将学校教育的理论性，在家庭教育的环境下转化为实践，才能达到德育的目的。

智育方面的目标是要培养学生最基本的知识技能，例如数理化等学科的基础知识，以及语言文字信息的搜集整理和归纳表达的能力，同时要掌握自然科学知识，学会动手动脑，并养成良好的学习习惯和兴趣爱好。这是学校育人的最基础功能的体现，所以往往最容易被家长忽视。实际上学校的智育过程是面向全体学生的共性过程，知识的传授是繁多的，学生作为学习的主体，具有自身个性特点，并不是每一个学生都能够系统化、高效化地梳理知识和转化知识。所以，在智育方面仍然需要家庭教育的补充，需要父母在学校之外给予全面的协同合作、强化练习，帮助学生巩固、培养良好的阅读习惯、书写习惯和表达

与计算的能力。同时，在生活常识的学习和思考问题能力的培养方面更需要家长的影响，言传身教，共同配合学校达到智育的目的。

体育方面的目标是要培养学生锻炼健康的体魄，学会锻炼身体的方法技能并练习强化，达到身心健康的目的。要达到这一目标，需要时间的付出和目标性的锻炼。可是学校的体育活动时间相对有限，而且主要任务也是培养学生在体育运动方面的技能和兴趣爱好，并没有足够的实践时间，帮助学生全面提高体育能力。学生放学后、周末和节假日的时间，又被大量的课业辅导所占据，家长们往往过度地关注文化课成绩，而忽略了学生强健体魄的锻炼。所以，在家庭教育的体育方面，需要极大的体育锻炼补充，家长们需要引导学生形成良好的运动兴趣和习惯，培养学生找到自己的运动爱好。家庭教育更要掌握合理的体育教育方法，利用校外时间合理进行体育锻炼，培养学生的体育运动能力。

美育方面的目标是要培养学生具有审美能力，培养学生善于发现美、欣赏美，最终能够创造美。也可以说是对学生进行科学的健康的审美教育，以培养和提高学生对自然美、社会美、艺术美的高尚审美能力和创造美的能力。在学校教育的过程中，往往会通过各学科不同的学科属性在教学过程中对学生进行审美教育。但受具体条件的限制，学校在提高学生不同方面的审美情趣上往往也是理论性居多。而审美情趣，需要通过自然的熏陶，需要通过艺术的欣赏，需要通过生活的感染来引导学生领略大自然的美、事物的美、艺术的美和生活的美。所以，家庭教育应该更加注重学生的美育教育，不断创造条件，培养学生的观察力，提高学生的欣赏能力，提升审美情趣和能力，更重要的是与学校共同努力、共同培养学生创造美的能力。

劳动方面的目标是要培养学生认可劳动的光荣性，并养成良好的劳动习惯，会使用基本的劳动工具，从而达到相应年龄要求的生活自理能力。在劳动能力的培养上，学校更是受到诸多条件的限制。现在学校当中劳动能力的培养教育，除了理论知识以外，往往指集体协作，以大扫除和布置校园教室内外环境为主。而且现在许多人在思想上存在一个误区，就是把打扫卫生当作一种犯错后的惩罚方式，这是绝对错误的。我们首先要家校协同共育，树立劳动光荣的正确思想。在此基础上，训练学生掌握劳动技能和高效的劳动方法。在家庭教育过程当中，家长更要有意识地引导学生认识劳动的光荣，多培养学生各项劳动能力，让学生自己整理被褥、打扫卫生、洗刷碗筷等。并且及时、适当地引导学生参与各项社会劳动，培养学生全面掌握如何使用劳动工具，提高生活自理的能力。

中小学教育的培养目标是根据学生身心发展的特点提出的，在此基础上如何高效地培养学生德、智、体、美、劳的全面发展，不仅仅是学校教育的工作，更是家庭教育和社会教育的责任。因此，家校协作共同育人就显得尤为重要。这个阶段将为学生今后全面和谐发展打下基础。

以合作促发展，以活动促提升，家校共育打造育人校园

学校作为教育机构，很难对受教育者的家庭行为进行及时地了解和控制，一旦学生离开学校，也就脱离了学校的监管，所以对学生的教育需要及时的家庭配合和社会帮助，需要家长的管理和督促。因此，构建起学校、家庭、社会三位一体的教育网络就显得尤为重要。作为学校就应该在构建网络的过程中，主动承担起架设与家庭及社会联系的桥梁的义务，通过组织家长、学校开展各类活动，帮助家长意识到家庭教育如何科学化、规范化、高效化地进行，依次来构建三位一体的育人环境，形成教育的合力。

第一，建立健全家校共育制度。学校要充分发挥载体作用，主动承担责任，办好家长学校，充分发挥家长委员会的作用，构建学校、家庭、社会三位一体的育人格局。要建立健全家长学校的组织机构，借助家长委员会广泛地征集家长意见和建议。共同探讨家庭教育过程当中的热点和难点问题，引导家长充分地参与到学校的管理和各项教育教学工作当中。把家长学校作为学校教育和家庭教育连通的纽带，真正达到教育孩子的目的，多方构建交流平台。通过家访等方式，让学校更好地了解孩子在家庭当中的表现，也能够

让家长更好地了解学生在校的各种情况，双方互相提出合理化的建议和意见并进行沟通。让教师和家长之间信息互通，互相交流，互相学习，共同营造教育好下一代的环境。

第二，设立家长开放日。聊城第五中学每学期与家长委员会协商，定期或不定期地举办家长开放日活动，邀请家长走进学校，走进课堂。通过家长开放日，更好地增进家校双方的了解，既将学校的办学理念和最新的教育教学方法向家长做了阐述说明，又让家长亲身参与校园生活来了解孩子在校的学习状况。通过开放日活动，家长也更深入地感受到了学校、教师各项工作的繁重，在增进互相理解的同时，更增强了家长自我学习的紧迫感和科学育人的使命感。同时，聊城第五中学尽可能地邀请家长参与学校的教育教学管理过程。例如，期中、期末的测评考试，日常教学备课、评课活动，学生竞赛，家长陪餐等。引导家长掌握科学合理的方法与学校相互配合达成育人目的。

第三，组织家长参与校园系列活动。聊城第五中学每学期除举办家长开放日活动之外，还积极举办各类家校共育活动，例如，低年级经典诵读、中高年级读书交流、校园艺术节、科技节、体育节等，邀请家长代表前来观摩指导。同时，在六一儿童节、十一国庆节等时间节点，由班级、年级、学校三级家长委员会自主安排，以学校协助的方式举行各类活动，让家长在活动过程当中与学校共同配合，发现孩子的优缺点，了解学生在校的表现，以增强家长的育人责任感。通过以上活动，更好地增进家校合作育人的效果。

第四，亲子共读，书香浸润心灵。为了使书香浸润校园和学生心灵，聊城第五中学采用了学校导读、家庭亲子共读的方式，引导家长与学校共同形成教育合力，一起学习传统文化。在学校由教师引导学生诵读中国古诗词中的名篇、名段、名句等，引导学生了解中华上下五千年灿烂文化。同时，通过家长委员会和家长学校，及时将读书活动的信息传递给家长，推荐家长在家积极开展亲子共读，在老师的指导和督促下，在家长的积极配合下，亲子共读取得了良好的效果。聊城第五中学在此基础上，每年举行中华经典美文诵读、诗词大会等汇报演出活动。活动节目精彩纷呈，学生和家长通过自己有感情的诵读和节目的表演，深层次地展示了中华古典文化的魅力。在这样一个合作育人的过程当中，我们做到了有布置、有检查、有总结和有汇报。这样既培养了学生的读书兴趣，丰富了学生的阅读量和课外知识，更塑造了和谐的亲子关系，塑造了家校共育的有效合作模式。

第五，积极开展家长参与的特色社团活动。社团活动不仅能够提升学生的综合能力，还可以促进教育教学，彰显学校办学特色，同时促使学生个性的成长。聊城第五中学借助家长资源，引导家长参与到学校特色社团当中来，积极开展特色社团活动。由家委会组织不同行业的家长组建社团活动，学生自由选择参与，既可以带动学生了解社会，也可以帮助学生了解所学知识在社会实践当中的应用。这个过程引导学生家长更好地参与其中并了解学校的教育教学工作，也更好地发挥了家长委员会在学校育人过程当中的作用，达到良好的协同育人效果。

通过特色活动的开展，积极发挥家校共育制度。以合作促进学校发展，以活动促进学生能力的提升。家校共育，共同打造育人的校园，这是我们不断追求的目标。教育是一门艺术。教育工作的不断完善对于学生的成长有着极为重要的作用。义务教育阶段是学生接受教育的启蒙阶段，在这个过程当中，家庭、社会、学校的教育影响都十分的重要。对于学生来讲，家庭教育对于他们日后成长和发展起着至关重要的作用，同样，学校教育作为一个系统性、阶段性的教育过程，对于一个人早期的影响同样尤为重要。学生在什么样的学校，接触什么样的教育，以及与同学之间关系的协调，也在潜移默化中对学生有着关键性的塑造作用。所以，如何有效地进行家校共育，是需要我们不断深入探究的一个重要课题。其实，家庭教育和学校教育最终目的是一致的。我也相信，以合作促进学校发展，以活动促使学生提升，通过家校共育，我们一定能促进学生健康成长，为学生幸福的一生奠基，这也将是我们聊城第五中学不懈追求和努力的方向。

架起学校、学生、家长沟通的桥梁

2020年春节期间，一场突如其来的新型冠状病毒肺炎疫情，延迟了春季正常开学时间。学校积极响应上级"停课不停学"的号召，安排学生在家进行线上学习。通过三周的线上互动学习，我们发现，线上教育给家校协同共育新人提供了特殊教育环境，达到了一种特殊的教育意义和目的。

预习视频——架起学生、家长沟通桥梁

步入初中以来，学生学业任务日趋加重，早晨匆匆上学，中午在校就餐，晚上回到家还要忙于温习功课并完成当日作业，和家长在一起的时间越来越少，沟通交流的机会也越来越少。由于彼此间缺乏必要的沟通交流，所以亲子关系日趋紧张，孩子不能理解父母的一片苦心，把每天正常的关心当成负担，家长不能站在孩子的立场思考问题，以为孩子长大了，开始叛逆了。

如何缓解亲子间紧张的关系，让学生重拾"父母呼，应勿缓，父母命，行勿懒"的儿时记忆，让孩子平稳、顺利地度过叛逆期，让家庭氛围回归该有的样子，作为教育者，这是我们义不容辞的责任和义务。因此，我们也一直在努力探索并尝试一种适合的方式。

2020年春季延迟开学的这段时间，我们通过班级给学生安排了自学成果展示作业，即把预习的成果录成短视频展示给大家。提醒学生要动脑思考、

动手查阅资料、动嘴多请教，提前备足功课，转化成自己的表达方式讲给老师、同学听。安排这一作业方式的目的有两个：第一，对学生而言，可以有效激发他们主动获取知识的动力，变"要我学"为"我要学"，通过知识的转换增强自主学习的能力，讲课、录课的同时又迫使学生走近父母，了解父母，有更多敞开心扉和父母交流的机会，体会父母的辛苦；第二，对父母而言，对孩子要多些陪伴，和孩子一起成长，要多鼓励少打压，多理解包容少强制训斥，走进孩子心灵，做孩子的良师益友。

埋下一粒理想的种子，总是期待它能静静地生根发芽，慢慢地开花结果！于是，每天的作业检查就成了老师们最盼望的时刻，盼望着每个学生笃学不倦，硕果满园，盼望着每个家庭母慈子孝，其乐融融。看到学生讲解思路越来越清晰，语言表达越来越流畅，谈吐越来越自信，书写越来越工整……这些都是最好的成果。

我也加入了各个年级的部分班级群，潜伏在群里不说话，只是静静观看，目的是了解家校互动的情况，同时还能发现优秀班级和待完善班级，课后及时给予这些班级鼓励表扬和科学建议。每天下午5点过后，微信提示音不断，这是孩子们开始上交劳动成果了。打开班级群，孩子们一张张可爱的小脸便呈现在屏幕前，我一一翻阅，认真欣赏每个学生的优点与不足，不禁再一次为他们的积极上进所震撼，这些孩子的表现一日胜过一日。诗歌背诵，节奏把握得特别好，每个字都铿锵有力、停顿有度。从他们自信的脸庞、抑扬顿挫的语气中，我仿佛看到了他们一遍遍揣摩更正、一遍遍用心练习的模样。按照这样的学习状态，开学后他们肯定不会因为居家学习而成绩下降，这也是我一直担心的事情。现在，我不禁对他们刮目相看，有心的家长还为孩子配上了字幕和背景音乐，以便让孩子能全神贯注地陶醉其中，入情入境地展示自己背诵的内容。

微信交流——拉近学生、家长沟通距离

步入初中，孩子进入了人生的青春期，无论是生理还是心理都在发生变化。以前乖巧伶俐的女孩子可能会变得性格暴躁、反复无常；以前老实听话的男孩子可能会变得桀骜不驯、自负张狂。和家长电话沟通或私聊时经常会听到这样的抱怨，"这孩子越来越懒，回家把书包一扔就赖在沙发上，喊都不起来"，"别人说的话都是对的，我说的话一句都不听，还对我横眉竖眼"。

十年树木，百年树人。教育是个慢工细活，而且随着孩子年龄的增长，教育的方式也在发生变化。可是，家长们并不一定都能意识到这一点，总是打着"父母都是为了你好"的招牌，置孩子的身心发展规律于不顾，"虽曰爱之，其实害之；虽曰忧之，其实仇之"，最后闹得两败俱伤。作为家长，怎样才能做到取舍有度，对孩子的呵护与放手张弛有度？怎样让家长能清楚地认识到处于青春期孩子的性格变化，从而采用正确有效的方法鼓励、引导，遵循孩子生长发育的客观规律教育孩子？我们一次次陷入沉思。

柳宗元笔下有一篇讽刺性极强的寓言小古文《种树郭橐驼传》："视驼所种树，或移徙，无不活；且硕茂，早实以蕃。"郭橐驼种树的秘诀给了我们教育孩子最好的答案：能顺木之天，以致其性焉尔。对孩子多些鼓励，多给孩子锻炼的机会，不打压孩子的积极性、自信心，培养孩子独立思维的能力，保护孩子的天性，顺应孩子的成长规律。而反观我们的家庭教育，往往大部分如"他植者"，"爱之太恩，忧之太勤，且视而暮抚，已去而复顾，甚者爪其肤以验其生枯，摇其本以观其疏密"。不给孩子自由发展的空间，对孩子干扰太多，甚至包办代替，导致孩子畏首畏尾，遇到问题无所适从，没有主见，成为别人眼中的"妈妈控"，压抑了孩子自我能力的提升，扼杀了孩子自然成长的天性，以至"木之性日以离矣"。

孩子成长需要宽松的家庭氛围，更需要科学合适的沟通方式。正是没有遵循孩子身心发展的规律，这种有偏差的家庭教育方式导致处于青春期的部

分孩子性格怪僻。因此，我们通过班级微信群给家长支着儿，分享与孩子亲密无间相处的方法，以班级中的典型案例展开微信话题讨论，指导家长如何关注孩子心理健康，如何帮孩子顺利度过青春期。这种微信互动交流的方式成功地拉近了学生和家长之间的距离。

我们常说："家长有多用心，孩子就有多优秀！"确实如此，用心的家长成就优秀的孩子！疫情防控期间大家闭门不出，借助家校微信交流平台，指导帮助家长们掌握更多教育孩子的有效方法，为创造更多奇迹、培养更多优秀孩子奠定基础。

文字交流——消除学生、家长沟通隔阂

教育就是抚平，就是唤醒。从上学期学生步入七年级开始，我们就充分借助语文学科的优势，通过书信、作文、日记的方式让学生慢慢倾吐家庭生活的不快、心中的不悦和同学间的矛盾。针对每篇真情流露的诉说，我们老师总是借助文字交流的方式对学生耐心地、不厌其烦地一一开导，款款文字似汩汩暖流滋润孩子的心灵，借以打开学生的心结。慢慢地，学生们养成了书信来往的习惯，高兴的事情喜欢通过文字和老师分享，伤心的事情通过文字倾诉，棘手的问题通过文字请老师支着儿，拿不定主意时通过文字征求意见，甚至连在家被父母批评、责骂都会写书信给老师。

书信的往来拉近了师生间的距离，使得老师成为良师益友。在疫情防控延迟开学的这段时间，孩子们蜗居在家进行线上学习，我们就以微信留言的方式继续延续着师生间的小秘密。

从学生学习的状态看，这种文字交流方式对于初中生来说无疑是最好的。首先，透过文字我们能第一时间掌握学生的心理动向，使老师对学生的思想教育做到有的放矢。其次，这种有温度的文字交流方式能唤起学生内心的被认同感，透过鼓励的语言、温情的表达，学生更能静心思索老师的建议，委婉地建议给足了学生面子，免去了很多想不到的面对面的尴尬，又保护了

学生的隐私，孩子们反而更乐意接受采纳。最后，学生即使和家长之间闹点小矛盾，但是经过老师的暗中调和，孩子和家长之间都能做到各让一步，家长能够更多地站在孩子的立场看待事物，孩子心中的情绪及时得以抚平，易怒易躁的情绪得到缓和，上课自然心无旁骛、精力集中，积极上进的劲头更足了。

像这种正确的导向、激励性的语言，每天我都会毫不吝啬地吐露给学生，用以激发他们自主自律的学习精神。在疫情防控这个"超长"假期，就着这样一种"三角式"的文字交流方式把学校教育和家庭教育紧紧连接在一起，拉近了学生、家长间的距离，消除了学生、家长间的隔阂，增进了学生、老师间的感情，加强了学校、家长间的沟通，收到了良好的教育效果。

路漫漫其修远兮！家校协同共育，提升孩子的综合素养，探索更多更好的育人方式，培养一代又一代适合社会发展的接班人，我们一直在路上……

家校协同，共育道德高尚的时代新人

通过家校协同育人调查发现，家长认为"家长期望获得与学校深入沟通，但缺少沟通的策略和方法"。在针对教师的调查中，教师反馈，教师在家庭与学校的关系上花费了大量的时间，五分之四的教师表示，他们每周花3~5小时在家校合作上，合作的主要内容是针对个别学生在学业上的行为问题。显然，教师把更多时间用在与父母沟通不良行为或学习困难上，而不是与不同的父母群体建立积极的关系。

我们多角度反馈了问卷调查结果。其中，特别是来自学生层面的信息引起了我的注意。积极参与家校活动的父母，其孩子在德育成长中的表现更为突出。在班级里，凡是家长积极参与班级活动的孩子，他们在德育方面的发展更为全面；凡是积极深度参与学校活动的家长，尤其是与学校老师有深度联系和合作的家长，对孩子的学校和孩子的发展都很满意。反之，有的家长觉得，他们孩子的需要没有得到学校足够的行为或教育支持，这类家长也更愿意与老师合作，参与学校的计划和评估等活动，但他们并没有与学校老师进行深度联系和合作。综上所述，我们认为只有明确家庭和学校各自的教育任务，协同双方友好关系，积极探索家校协同有效策略，才能做到共育道德高尚的时代新人。

家庭教育的基础作用和协助作用

家庭教育是一切教育的初始阶段，也是一切教育的基础。家庭教育的作用是任何教育形式都代替不了的，尤其是道德修养教育，学生优秀的道德品质和健全的人格修养的形成必须要有家庭的支持和帮助。可见其独有的特性，决定了它的基础作用。

12~15岁的青少年，年龄特点和心理特征都极为特殊，正是形成道德品质的关键时期。由于血缘亲情，父母作为孩子的首任老师，也是子女的终生老师，用好亲情这把钥匙。向子女进行有效的教育定会起到潜移默化的作用，并对孩子一生的发展打下良好坚实的基础。

家庭教育的针对性也是无可比拟的。学生的家庭环境各有不同，日常生活中家长与孩子接触最多，了解最深，更有机会做到从孩子的实际出发，做出最有针对性的教育。

家庭教育还表现在灵活性上，它可以不受任何条件限制，做到随时随地教育孩子，更易于被孩子接受。

只有家庭教育做好了，孩子在接受社会教育和学校教育时才能做到顺其自然。家庭教育是其他一切教育的基础。

家庭教育在青少年的道德修养中起到协助作用。父母要通力合作，为孩子的全面发展提供一切资源，协助学校把孩子培养成具有时代特征的优秀人才。

学校教育在提升学生道德修养中的作用

学校是国家专门的教育机构，它的一切活动都是有计划、有目的、有组织的。学校按照学生的身心发展规律和特点确定相应教育教学内容，有着科学性、系统性的教材，依据科学有效的教育教学活动，根据学生特有的年龄和心理特点，通过国家、地方课程和学校独特的育人环境及一系列含有教育因子的活动，给予学生丰富的成长体验。

学校的教师，都是学习过教育学、心理学知识，并接受过系统的、专业的培训的师资，对各年龄段学生的心理特征也比较了解，有十分明确的教学目标，知道教育的知识体系和存在规律，教师通过系统的教育理论学习具备教育教学和课堂管理能力。

学校教育是有计划、有组织、系统完善、科学有效的，教育资源充足，比任何教育形式都具备优势。

促进家校协作关系发展的几点策略

（一）转变家校协同关系中教师和家长的观念尤为重要

促进协作关系，一定要改变观念，尤其转变家长的教育观念，使之形成正确的教育理念，并跟上学校教育的步伐。学校要担负起转变家长观念的重任，把"德育为先"放在家庭教育的首位，同时把良好的思想品德培养作为目的，注重孩子健全的个性发展，拓展孩子独立生活的技能，形成良好的生活、学习、劳动等习惯。让家长真正理解教育孩子是一项长期而艰巨的工程，是一个家庭首要的大事，是第一要务。在活动中让家长和学校达成共识，树立榜样意识、责任意识，通过优秀家长的正面熏陶和引导，充分调动所有家长的积极性，使每位家长在道德教育上目标一致、方向一致。

（二）创设环境，在长效机制中获得可持续发展

为家校协同发展创设有利环境。根据学生身心发展的特点，制订一些可供参考的方案，在实践操作中随时改进，给予双方足够的发展空间。在此过程中调动双方可供支持青少年发展的一切资源，进而做好长期规划、科学评价、跟踪指导。让孩子在学校和家庭创设的环境中，获得道德修养的最大提升。

（三）创新方法，在新时代背景下获得最优发展

家校合作中对传统的合作方式积极进行创新。在信息发达的新时代，开辟独特的、切实有效的、有助于学生发展的协作方式。让现代化的教育手段为协同教育服务。例如，微信群的使用和家庭读书主题活动相结合，家庭读

书主题活动是一项深入持久的活动，需要家长和学生长期坚持，学校可利用这一活动与现代技术结合，做好线上读书专题活动。

培养学生良好的道德修养是一个长期的过程，需要家校协同，坚持不懈地对学生给予帮助和引导。我们坚信，只要学校和家庭形成合力，积极探寻科学有效的协作策略，以人为本，团结协作，定会为学生成长提供可持续力量源泉，从而培养更多德才兼备的社会主义建设者和接班人。

浅谈家校协同提升中学生道德修养策略

办好教育事业，家庭、学校、政府、社会都有责任。家庭是人生的第一所学校，家长是孩子的第一任老师，要给孩子讲好"人生第一课"，帮助孩子扣好人生第一粒扣子。我国已经将教育强国、立德树人上升成了教育的根本任务。学校为了全面贯彻党的教育方针，落实立德树人根本任务，就要按照教育规律和学生身心发展规律，创新教育观念，调动家庭教育积极性，激发家长参与教育活动。从家校合作案例的研究出发，站在理论的高度，探索新时代家校协同育人的特点、方法和实践研究，实现家校"共管共育"。

学校在家校协同提升中学生道德修养方面存在的问题

通过调查国内外关于家校协同提升中学生道德修养的开展现状，我们对我校的部分实验班家长、学生、教师进行了问卷调查，通过调查，发现学校在家校协同中存在以下问题。

（一）家长、教师对于家校协同提升中学生道德修养的认识不足

从对家校协同提升中学生道德修养的情况调查发现，大部分家长能够认识到家校协同提升中学生道德修养对孩子成长的重要性，但在认识水平上存在差距。在与教师交谈或者学生交谈中，有一部分家长很少涉及或没有涉及学生的道德修养。从参与学校德育活动方面来看，大部分家长没有参与意识，

他们把德育教育看作是教师的事情，是学校的任务，家长只需要管孩子的吃、穿、住即可。甚至有的家长认为孩子上学期间教育孩子的责任是学校老师的，从思想上放松了对孩子的教育。不仅这样，他们有的时候还会把家长参与孩子的活动当成是校方推卸责任的表现。

通过对学校部分教师调查后发现，有个别教师认为"觉得家长不关心他们的孩子"，"和家长没有共同语言"，"有时候家长教育方式可能与自己的要求不一致"。还有个别教师认为，家长的教育水平参差不齐，在他们看来，除了学习，有些家长对学校的其他活动其实并不感兴趣，家长与教师在学生的教育问题上存在很大的分歧，很难形成一致的意见。

（二）学校与家长沟通不畅

通过对部分班级调查，发现有些班级开展家校协同育人的形式往往大于内容。部分教师和家长的沟通也并不顺畅，有些老师平时与家长没有什么沟通，只有当学生出现问题时才会与家长联系。虽然学校经常组织一些家长会或者家校活动，使得学校与家长的沟通途径比较多。但是因为部分老师和家长不重视这些活动，使得学校与家长之间缺少沟通，非常不利于家校合作教育的开展。

（三）家校协同育人目的不明，活动简单化

在实践中，一些教师把学生的道德修养问题归于家长，认为是家庭教育工作没有做好。或把家长会、家访、家长主题讲座等家校协作方式看作是向家长述说学生问题的好机会，很少与家长协商解决这些问题。反之，家长也会有这类行为。而部分班级在家校协同育人活动方式上过于简单，认为只是定期组织家长会就可以，在家长会上也只是教师讲，家长听，缺乏针对性，流于形式，久而久之，也提高不了家长参加学校活动的积极性。

家校协同提升中学生道德修养策略

根据学校在家校协同提升中学生道德修养方面存在的问题，通过家校协

同育人现状以及我校在家校协同提升中学生道德修养方面的一些成功做法，我认为应该从以下几个方面着手。

（一）完善家委会职能，做好家校协同主题讲座，促进家校育人协同发展

组建家庭发展委员会。其目的是进一步密切家校关系，提高育人水平。家庭委员会成员都是热心学校和家庭教育的工作者，由具有一定的组织能力和语言表达能力，有奉献精神，乐于义务承担学校或其他家长委托的家长组成。当学校举办重大庆典和表演活动时，各级家庭发展委员会都要邀请家长，协助学校维持秩序，做好场务及学生化妆等事项。每学期末，由班级家长委员会主持召开家长会，评选出"优秀家长"和"五中好少年"等，并及时召开表彰会予以表彰。这样，通过家长委员会，家长能及时了解学校教育现状，家长、学生和学校能及时沟通，使学生能够健康成长。

开展家校协同主题讲座。每学期定期开展家校协同主题讲座、智慧父母课堂。通过聘请家庭教育专家、家委会成员等对家长进行培训，培训主题主要是怎样有效地和学校协作培养好孩子，对家长进行心理健康教育。通过主题讲座、智慧父母课堂有效增进家长与孩子的感情，拉近家长与学校的距离，指导家长学习良好家庭教育方法。

（二）家校协同创新教学形式和内容

重视家校协作，定期举办家长进课堂、家长授课周活动。这可以让家长充分发挥自身的职业优势和特长，走进校园，走进课堂，走近学生，凝聚学校、家庭之间的管理智慧，丰富学生的课外知识，拉近家校之间的距离，对提升学生的道德修养起到了积极的推动作用。

家校协同参与校本课程的开发。目前，我校已开发了涉及语言、体育、棋类、艺术、科技活动、综合实践等学科的40余门校本课程。学生根据自己的兴趣爱好，自主选择喜爱的课程进行学习。学校通过引入家长资源，丰富校本课程；通过设立家长开放日和开展家校活动，拉近家长与教师、家长与

学校之间的关系，还能使家长在活动中发现各自孩子的特长和闪光点，转变家长育人观念。

（三）建立家长、学生、教师三位一体的学习共同体

我校旨在家长学校的基础上，建立家长、学生、教师三位一体的学习共同体，依托这一学习共同体开展持续有效的主体活动，如家长教师读书汇报会、家长教师学生朗读社团活动、家长教师学生特色拓展活动、家校协同主题节日活动等，三者共同学习，相互促进。这些活动的开展绝非偶然，而是有目的、持续性的，最终达成使学生具有优秀的品德、远大的志向、坚定的恒心、敏捷的思维和优雅的言行的目的。

（四）建立完善的家校协同育人机制

以家长委员会、学校校长、班主任为主体，建立家校协同保障组织，保障家校协同育人活动的有效开展，搭起家长与学校沟通的桥梁。完善家校协同育人评价制度和家校协同民主管理制度，坚持每学期定期举办家庭教育知识讲座，定期召开家长座谈会，定期组织家校联系教育活动，每年定期召开家长委员会专场会议。建立考核、评比、奖励制度，每学期在表彰学生进步的同时，对评选出的"家校共育模范家庭"予以表彰。

家庭是社会的基本细胞，是人生的第一所学校。而学校教育是连接家庭、社会的桥梁，我们只有通过家校协同育人，才能为学生的健康成长提供良好的育人环境，才能把学生培养成德、智、体、美、劳全面发展的人。

第三辑

课堂追问

为教师一生幸福护航

最理想的教育是什么？我想应该是教师和学校一起成长，互相成就。教师发展起来了，学校才能真正发展起来。

教师在学生那里充当什么角色呢？"传道、授业、解惑"，即传授道理、教授学业、解释疑难问题，可见教师的重要作用。要想发展学校，一定要走教师发展之路。否则学校建得再漂亮，设施再完善都不会有持续力，那些有着深厚文化底蕴的名校，无一不是注重教师发展的。

走教师发展之路，是促进学校发展的"王道"。学校是教师成长的沃土。让每个教师在学校都有被尊重感、价值感、获得感、幸福感，激发每个年龄层次教师的教育潜能，促使他们成为一个学习共同体，又尊重各自的差异，从而达到各美其美、美美与共。

年轻教师，刚走上工作岗位，带着梦想和激情而来。如何把这种激情转化为成长的动力呢？这就要提醒他们树立一个明确的目标，给自己制订一个长期的成长规划，还要引领他们找到同专业或者教育领域里最优秀的教育家，同时还要给他们树立一个身边的榜样。

目标的高低，直接决定了成长的速度。如果仅仅把教师当作一个谋生的职业，年轻教师可能在教育的过程中会因为一些现实的问题受挫，从而降低刚入职时的那种热情。要让青年教师意识到，在清晰的目标中使自己优秀甚至卓越，是要付出艰辛的劳动，如果有了这样的思想，就不会被眼前的困难困住成长的脚步，当然还要与他们一起克服困难。

初入职，老师们遇到的问题一般都是如何把课本知识转化成学生的学业知识和如何管理学生的问题。这两个问题最为突出。最有效的方法是让有经验的老师和年轻老师一起进课堂，在课堂中把问题的共性归纳出来，在每周的大教研会上让每位老师都提出自己的困惑。为什么要这样做呢？因为这样就促使每位老师把自己的思考转化成问题，再把问题表达出来，这样既让教研有了抓手又可以让问题的研究更加深入。

经验丰富的老教师，在自我成长的基础上同样需要在浓郁的学校文化陶冶下获得成长。让这些优秀的经验成为共享的资源，可以缩短年轻教师摸索的时间，同时在交流合作的过程中更能增加教师团队的凝聚力，所以学校特别注意学科带头人的培养。学科教研组组长和备课组组长中青年结合，首先在年龄上形成一种补充结合。教研组组长是教龄长，有丰富教学实践经验的老教师，而学科组组长则是年轻有为，是学科教学中表现突出、执行力强的优秀教师。这样无论是从方向引领还是具体实践上，教研组组长和备课组组长首先就在本学科形成合力，强有力地带动了本学科的学习。

提醒每位老师做一位持续阅读者。教师的工作是比较繁杂的，上课、批改作业、管理学生的时间几乎占满了教师在校时间，只能利用课余的时间来读书。如果稍一放松，读书便只能成为一个美好的愿望。如何在这样紧迫的工作时间中进行阅读？我们形成了一个阅读共同体。

首先是提高大家的阅读意识。和大家一起观摩名家好课、优秀报告，开阔思路、增长见识的同时，让阅读成为一种自觉的行为。为了增强阅读的持续性，学科大教研会上，每位老师谈一谈自己一周来所读的书和感受。这样做的好处是什么呢？把自己所读书的内容和感悟分享出来本身就是一种提高和激励。有分享的环节，就必然让每位老师形成一种阅读习惯。分享前的准备、提炼过程又是对所读内容进行的一次再思考，经过思考后的分享表达便成为分享独有的阅读体验。各位老师在接受分享这个环节时往往能快速发现优质资源，同时又会被优秀的分享者所激励，从而对下一次的分享阅读形成良好的促进作用。对分享者的尊重和认同也逐渐会成为一种教研文化得以传承。各教研组的阅读都努力创造一种轻松但又很严谨的氛围。让每个人都深刻地体会到读书对于专业成长和生命成长的重要意义，让每个人在阅读中开阔自己的视野，寻找教育的价值，坚定教育的理想，丰富自己的学养。

其次是让研课、磨课成为一种教研常态。各教研组把围观其他教师的课堂当成一种常态。围观本身就是一种提醒，提醒每位老师必须要钻研教材，明白教什么比怎么教重要。只有吃透教材才能做到胸中有丘壑，同时围观也形成了时时教研、处处教研的常态。然后再根据课堂出现的问题在每周大教研会上展开讨论，进而加以改进。研磨课前要有充分的准备，每一节课，都应该是在集体备课、个人的二次备课的基础上进行的。这就要求在上课前老师们把疑难点提出来，形成共同的解决方案，上完课后及时写教学反思。每位老师都真切地体会到互听围观给自己的专业成长带来很大的帮助。

最后是让教师的精神有归宿感和幸福感。教师这个行业有其特殊性，那就是有比较浓厚的理想主义精神，对精神层面的要求比较高。所以，建设教师队伍，要特别注重解决教师精神层面的问题。我校的学校文化是"家"文化。何为家文化呢？家的重要作用就是让一个人的成长感受到温暖与幸福，同时也要让每个人因为自己的存在而让"家"更美好。这也是一个相互成就的过程。让每位教师有被关注、被关爱的感觉。学校要充分激发每位教师的潜能，充分发挥其在"家"中的作用，从而让其获得幸福感。

学校是孕育理想的地方，更是成就人才的地方。教师队伍的培养应该成为一所学校的根基，也是一所学校发展的根本。

语文课堂改革的思考和尝试

　　课堂教学的难点在语文，重点在语文，支撑和突破点也在语文。语文课的思路理顺了，课堂改变了，学生的成绩和素养提升了，对所有学科的学习将带来根本性的变革和影响。课改的致命伤，常常是抓不住主要矛盾，或者在关键处不得力。语文课被轻视、被忽视，或者名义上重视而实践中轻视，都已经给课堂改革带来极为不利的被动局面。好在这种情形正在发生改变，自上而下，再自下而上的呼声越来越强烈，语文课改作为课堂改革的主要突破口的位置越来越清晰。

　　新的语文课程标准，为语文教学改革提供了更大的空间。就课堂的内容和形式而言，首先就是要由单纯传授知识向目标整合转变，弘扬人文精神。目标的整合具体体现在：语文教学内容中的整体观，要坚持知识传授、技能训练和智力开发的整体教育；语文教学方法上的整体观，要坚持读写听说的综合训练，处理好教与学、讲与练、学与用的辩证关系；语文教学过程中的整体观，要坚持学用结合，知行统一，实现知识能力的不断迁移。其次是由研究教法向研究学法转变，唤醒主体意识。现代教学论认为学力大致可以由三个同心圆组成：最外一层是知识，对于语文学科而言，包含着字词句篇、语言篇章等基础知识和相关知识；第二层是读写听说的基本能力和智力；第三层，即最里面的核心层，包含着学习动机、兴趣、习惯和方法，也就是"知学、乐学、善学"。这是现代语文教学理论重心的转移，是唤醒学生主体学习意识的重要标志。

而且，学法指导不应只看作是简单的传授方法，而应突出学生学习活动的主体地位。在教学中，只有驱动学生主动介入，历经注意、思考、生疑、解疑、创造等心理体验，才能使学生理解和把握语文学习的规律，养成习惯，形成学力。课堂设计要变"教"为"导"，形成教与学的互动推进。教师应充分了解"学情"，营造使学生主动参与的教育情境，有针对性地进行学法训练，提高学法指导的自觉性，适时引导学生自悟学法，有意识地强化活用，加强能力迁移。

语文课本的选文是一部小百科全书，是培养学生语文能力的一个范例。坚持得法于课内、得益于课外的教学法，在坚持课堂主阵地的同时，坚决而清晰地开辟第二课堂，寻找更多更好的阅读资源，扩大阅读量，挖掘隐性课程，融通学校、社会、家庭多种语文教育渠道，形成立体式、网络化的语文教育环境。语文教师应像导演、领航员，把课外阅读、社会调查、书法训练、日记撰写、诗歌背诵等都转变成为教学内容。基于以上认识，语文课堂就必须进行大胆尝试，摸索出适合中学生核心素养提升的新教学范式和教学路径。

小说和散文是初中生接触最多的两类文体，同时也是中学语文课堂上的熟面孔、老朋友。对文学类作品阅读的安排，不仅是某个阶段的任务，而且是贯穿中学生整个素养形成阶段的一项重要任务。作为两个大的阅读专题，课堂阅读和教学的策略性思考及制度性安排就显得尤为重要。

小说、散文阅读基本要求

教读文本只是阅读的例证。文本理解的根本方法还在走进文本，深入阅读。教师引导的重点要放在对文本的反复阅读上，并在阅读中体会文章情感，把握文章内在逻辑，归纳、筛选信息。因此，教读文本，仍然是教如何读，而不是架空文本的解析。教读是为了让学生会读、愿读、多读、读有所得。

在具体的指导阅读中，让学生明白，真正的阅读、真实的阅读、有感悟有思考的阅读总是由阅读者个人来完成的，而不是包办代替。最终实现教是为了不教，让阅读真正成为师生共同获得教养的途径。

老师首先要成为一个读书人，做到言传身教。一个爱读书的老师身体力行，要比万千说教更能对学生产生启发。老师首先要成为一个阅读者，其次才是阅读的指导者。语文课堂的最根本变革，乃是建立在教师对阅读理念的贯彻上。只有教师首先成为一个读书人，才能给学生以指导。课堂的理想境界，就是师生共同的自主阅读和独立思考，共同享受阅读的审美体验，实现师生的共同成长。

坚持精读和泛读相结合的原则。精读要深入体会，实现思、联、研的融会贯通，进而学会方法。泛，既是对量的展开，也是对速的要求，是对阅读能力、审美能力、敏捷的提取和判断能力更高一级的要求。中学生不但要有广博的阅读量，更要形成对语言文字的高度敏感性，能熟练准确地理解和使用祖国的文字。

教师首先要对阅读材料下足功夫。针对初中生的阅读和接受能力，梳理课程标准对散文类阅读内容的要求，制订出适合学生实际的教读和阅读顺序计划，对所推荐的阅读篇目，有正确的筛选、调整和扩充。

教师要积极探索各种阅读形式，如专题阅读、单元阅读、一本书阅读，以及文学流派关注、著名作家作品研读等。最终实现学生的个性化阅读，即让学生找到在内容和风格上引起自己共鸣的作家作品，深入阅读，从而引发独到的阅读思考和阅读感悟。

阅读本是一项个性化体验。阅读的内容，也必须尽量符合学生个人的特点。计划是为了使阅读有条理，却不是捆绑阅读的绳索。所有的计划都是为阅读服务的，也会在阅读过程中调整和完善。针对阅读计划，在实施过程中，也都会因时而变，因人而异。所有预设，所有计划，出发点都是为了培养学生阅读的兴趣，培养学生阅读的习惯。在有了阅读习惯的基础上，再引导学生进入有条理、有理性、有选择的阅读中。

读写结合，培养学生与阅读笔记的兴趣和习惯。阅读和思考不可偏废，思考和写作不可偏废。

开展师生共读一篇文章或一本著作活动，应做好充分的引导和铺垫。任何阅读安排均应以不挫伤学生阅读热情为出发点。

建议老师每周教读不超过两课时，真正体现还课堂于学生，让课堂成为学生自主阅读和思考的主阵地。

课堂阅读课型的探索和尝试

基础阅读课。即对语文教材采用单元教学或专题教学的方式，突出强化学生阅读中的感受和体悟，培养学生阅读的概括和分析能力。坚决摒弃过去将文章讲成文章学的做法，实现由讲到读、以读代讲的课堂转变。

零干扰阅读课。从课程上保障阅读的时间和空间，每周至少安排两节阅读课，零干扰阅读。阅读的材料完全来自课外。老师的任务，就是和学生一起读，自由读。阅读课一般分成三个步骤。第一步，用5~10分钟，选取要读的书目。第二步，两节课连排阅读。第三步，在两节课临结束时，预留10~15分钟，整理阅读思路并记录，包括阅读书目、作者、作品背景、内容、简单感悟等。对于自控能力和自学能力强的学生，则可尝试更为宽松的方法。教师应在引导学生阅读上敢于尝试，下大力气。

阅读交流课。创造合适的课堂气氛，让学生将阅读的知识收获和心得感悟，对作家作品的认知，对社会现象的理解等真实地呈现出来，让阅读交流课成为建立良好的阅读习惯的加油站和催化剂。

阅读活动课。从微观上说，学生的学习是由一个个大大小小的环节和大大小小的活动联结而成。一次阅读即一次精神旅行，一次发言即一次思想提升。好的活动方式，既是目标实现的步骤分解，也是学习过程的推进器、加速器。在活动中培养阅读的兴趣，在活动中点燃阅读的激情，最终，让学生形成阅读习惯。除了定期的阅读交流课，还可以举办各种与阅读有关的实践活动。比如，阅读讲座、作品研讨、读书演讲、专题辩论等活动。再比如，美文朗诵比赛、故事会、记者会、课本剧比赛、我身边的历史人物（事件）等各种活动。这些活动能很好地督促、引导学生的阅读。

举办与阅读有关的各种活动，应遵循的原则有三点。第一，持续性。从阅读内容出发，要使学生在一年乃至更长的时间里，有一个阅读层次的提升。从培养阅读兴趣和阅读习惯出发，阅读不是一时的冲动，不是可有可无的摆设。要让阅读成为一种习惯，化成一种生命的内在需求。第二，全体性。活动必须能带动全体学生参与，能让每一个人在活动中找到自己的位置，施展自己的才华。为此，活动的设计要尽量丰富、灵活，且能体现组织者的个性。第三，有效性。每一次活动，一定要反复酝酿，充分准备，决不仓促上阵。活动前、活动中、活动后，老师的适时提醒，都是非常必要的。每一次活动又都是阅读过程的体现，是阅读成果在某一个阶段的自然呈现，是展示，是汇报，是拓展，同时，又是情感的共鸣、思想的碰撞。

阅读资源库建设

开展阅读活动，要尽可能多地共享资源，只有这样，才可能优中选优，培养学生的阅读个性和阅读品位。第一，摸清家底，充分利用学校资源。学校要大力挖潜，使图书馆、阅览室等现有资源充分发挥作用。第二，积极倡导老师建立班级图书角、图书柜，将学校、班级以及同学们自己的资源变成全班共享的资源。第三，鼓励有条件的家庭，为孩子建立专用书柜、书橱，营造家庭阅读的良好氛围。家校一体，培养孩子爱读书、爱买书、爱借书、爱藏书的良好习惯。第四，老师要经常向学生推荐自己读过的好书、美文。要利用读书交流会等机会，师生共同交流读书心得。对好的作家作品，如史铁生的《我与地坛》，鲍尔吉原野的《掌心化雪》，还有舒婷、林清玄、周晓枫、刘亮程、李娟等作家的作品，可及时向同学们推荐。

附件1

聊城第五中学"阳光读写"活动实施方案

（一）指导思想

《语文课程标准》指出："语文教师应高度重视课程资源的开发与利用，创造性地开展各类活动，增强学生在各种场合学语文、用语文的意识，多方面提高学生的语文能力。"为学生创设一个"大语文"的氛围，把课内外、校内外有机地结合起来，建立生动活泼、开放自由的课堂教学模式和评价方式，拓宽语文学习和运用的领域，全面培养学生"听说读写"的语文实践能力，以读促写，以写促读，读写并进，提高语文教学质量。力争通过书香校园的建设，全面提高教师和学生的综合素质，扎扎实实地提高学校素质教育的质量，从而有效地推动校风校纪建设。

（二）活动目标

在校园内营造一种"书声琅琅，书香满校园"的良好氛围，使阅读真正成为学生的自觉行为和生活需要。

积极倡导"我与经典同行"的思想，帮助学生养成良好的读书习惯，多读书，读好书，好读书，提高读写能力，夯实文化底蕴，陶冶情操。

通过开展读书活动，引导老师、家长一同参与读书活动，营造良好的读书氛围，进而培养阳光学生，成就阳光教师，营造阳光校园，构建阳光社会。

（三）活动措施

为了巩固深化书香校园创建活动和阳光读写活动的成果，进一步激发全校师生的读写兴趣，培养"读好书，多读书，好读书"的良好习惯，营造良好的读书氛围。经校委会研究，特制订以下措施。

1. 健全组织，建章立制

成立领导小组，组长由校长担任，业务校长及中层干部担任副组长，班主任、语文老师为班级具体负责人，确保"阳光读写"活动的具体实施。"阳光读写"活动纳入考核方案，激励教师工作的积极性。

2. 加大投入，保障实施

克服困难，积极筹措资金建立两个学生阅览室和一个教师阅览室。确保书籍阳光健康，除了新课标规定的必读书目外，精心挑选适合中学生阅读的经典作品、精美散文、优秀刊物，如《演讲与口才》《读者》《青年文摘》《视野》《特别文摘》《思维与智慧》等。目前，学校阅览室藏书8万册，为读书活动的开展做好保障。

3. "一室三型五本"模式推进

建设"一"个开放式阅读室；构建"三"种常态课型：基础阅读课、阅读交流课、随笔交流课；师生积累留存"五"本材料。

跳出"教课文即是教语文"的传统语文教学形态，对教材中的课文进行创造性地整合，大胆地对教材课文进行删减，或者引入教材之外的文章。利用三种常态课型，打造阳光课堂。

基础阅读课。每单元重点处理两篇课文，把课文化繁为简、化难为易，让学生明白三个问题，即本文"写的什么""怎么写的""为什么这样写"。对本单元其他三篇文章进行整合，注重五大目标：字、词、句、文学文化常识、对课文的理解与感悟。这五大目标也是中考所涉及的。对于激活课堂，方法是小组合作与课堂上小组交流展示。

阅读交流课。让学生阅读中外名著，走进经典，了解文化的源头，把握文化的精髓，增加文化积累。首先要有零干扰的阅读课，就是让学生在阅读室静静地读，积累字词、佳句、语段，最后15分钟做记忆性的笔记，概括文章内容，写感悟或写一点赏析。

零干扰的阅读课之后就是阅读交流课，目的是检查一周以来学生的读书情况，督促学生坚持阅读，并相互影响。课堂模式很简单：分小组内、班内展示，畅谈阅读收获、分享阅读体会、勾画阅读愿景，让阅读交流成为每位学生丰富自身阅读的重要阵地。老师与学生一起展示读书的收获，即师生同读。

随笔交流课。目的是督促检查一周以来学生的随笔写作情况。随笔交流指导课重在展示、交流，分小组内展示和班内展示两个层面。课堂上要求老师展示随笔，即师生同写。

"五本"即教师实用备课、教师三札笔记、学生"采蜜集"、学生阳光随笔、学生精品集。"五本"滋养阳光心态。

教师实用备课。要求备思路、备学生、备教学方法。备课不主张搞文字罗列游戏和搞海量抄写战术。让语文教师从传统繁重的备课中彻底解放出来，有时间、有精力与学生共同读书，与学生一起经历读书这一生命的美好历程。

教师三札笔记。即工作札记、读书札记、生活札记称为"三札笔记"。师生同读同写，老师有的放矢地指导学生去读。要求语文老师每周写学习笔记不少于500字，学校定期检查。

学生"采蜜集"。要求学生在多读书、读好书的前提下，写读书笔记一周不少于500字，做到"不动笔墨不读书"。读书笔记的使用不只局限于课堂、阅读课，还有双休日及假期。

学生阳光随笔。随笔即日记，是学生心路历程的记录。随笔的要求是"随、碎、真"。随笔要求"三化"：日记阳光化、写作生活化、随笔文章化。一周要求写两至三篇随笔。

学生精品集：学生把两周随笔中的其中一篇进行修改加工，誊抄在精品集上，两周一篇，这就是随笔化作文。

4.保证读书时间

晨诵、午读、暮省是一种回归朴素的读书生活方式。在聊城五中，晨诵古诗文，午读品经典，暮省写随笔日记。提倡课外活动阅读（每班都有图书角）、双休日大阅读，鼓励学生每天在家自觉读书不少于半小时。利用早自习时间一个月举行一次经典背诵活动,七年级、八年级经典背诵篇目各40篇。

5. 注重班级文化建设

根据学校整体发展规划,创建文化长廊、班级图书角、壁报栏,悬挂宣传标语,张贴学生作品,展示读书成果,营造浓郁读书环境。班级文化建设采取"百花齐放"的原则,不统一安排,鼓励班主任创新。期末评选"十佳"书香班级,并纳入考核。定期举办"阅读之星""书香家庭"等评选活动,并进行宣传和奖励。

6. 书法凸显魅力,开设书法课

让学生每周积累一首诗词,进行书法展示。优美深邃的语言文字,通过书法艺术展现,更显其魅力,从而提高学生学习语文的兴趣。

7. 校园网的建立

建立电子阅读室,语文老师定期上传名著、经典作品及老师、学生的随笔。师生开设博客,同读同写,形成网络共享。

附件 2

聊城五中"阳光读写"活动考核细则

一是初一、初二年级语文教师服从学校安排，积极参与"阳光读写"活动。按时上阅读课（查记录），按时上随笔交流课、阅读交流课（按课程表查），得10分、8分。

二是要求学生写读书笔记每周不少于500字，随笔每周不少于两篇，得10分、5分，不写不得分。

三是教师学习笔记每周不少于500字，要求书写工整，注明日期，得10分、5分，不写不得分。

四是两周一次更换随笔展示，换后作品装订成册统一交教科室存档；将学生优秀作品每学期每班六篇和语文教师每学期两篇学习笔记发至教务处，达不到要求的不得分。

五是利用早自习时间每月举行一次经典诵读活动，背诵内容分课内、课外，按等次得5分、4分、3分。

课堂生态对读写关系的追问与思考

写在前面

学科教育从来就不是孤立的、封闭的，不仅在学科之间，而且在学科之外。学科教育与一个人的眼界、境界，都有着极其重要的联系。语文教育尤其如此。

阅读、写作、活动，是总想说清楚的三个词语。这三件事肯定是有关联的，就一般顺序来讲是阅读、写作、活动。但细想起来，在实践中以及在理念上，它们的顺序却常常乖谬，或者，恰恰相反，显出另外一种顺序来。它们内部，以及它们三者之间，都有着非常奇妙的、值得反复玩味的关系。

课内阅读与课外阅读

（一）语文课堂存在着某种虚假和虚伪的成分

语文课堂本来是阅读的课堂，是阅读的天堂。可现在的语文课上，阅读是失真的，甚至是虚假和虚伪的。似乎有一种强大的惯性，把中学生始终置于无知的境地，掰碎揉烂地讲解，一味地灌输，过度地分析。老师习惯了讲解，甚者，把分析和讲解当作自己的天职。讲者滔滔，而听者藐藐。到头来，却把学生真正的阅读机会给丢了。甚至在很多公开课上，老师们都有意无意地忽视了或者忘记了阅读，一节课倒成了展示老师口才和翩翩风度的舞台。先不说我们的分析是不是生动，是不是打动人，是不是每一节课每一次分析都直达作品的深层，都振聋发聩，这种包办和代替，这种代人阅读和代人思考，本身就是越俎代庖。它有一个前提，或者说有一个假设放在那里，眼前的孩子们都是无知的，我所讲解分析的，都是他们不懂和不会的。老师从根本上忽视了学生的学习能力。这样的课堂，久而久之，会被学生所厌倦，最终会被学生抛弃。所谓厌学，所谓没有效率，课堂的形式和内容是其内在的原因。

一位伟人说过，要想知道梨子的滋味，就要亲口尝一尝。一篇好文字，它的味道如何，也需要我们一个字一句话地品读。文字的魅力让人着迷，这种例子不胜枚举。更何况，这种过度地分析和讲解，使作品和我们平时的阅读、真实的阅读，距离越拉越大。想一想，我们平时的阅读，不是这样的。在我们的经验里，阅读从来不是，也不应该是一件痛苦的事。真实的阅读，是非常个性化的。只要认识了字词，没有人不会阅读。真实的阅读、亲切的阅读，是浸润在文字里，是被文字所牵引、所感染，是会沉醉其中的。

过度分析，将语文阅读知识化，把生动的语言、丰富的情感、鞭辟入里的理性思维，统统解析成知识点，而不是从整体上去品味一篇文章所传递的人文气息、人性之光，去体会文字所带来的情感冲击和理性思维。作为文章灵魂的思想被抛弃了，只剩下零碎的"语文知识"，而这些知识，也不是学生通过自己的大脑分析推理得来的，而是不由分说，灌输进来，硬塞进来的。这些让学生死记硬背的所谓知识，消解着学生探索发现的热情，也败坏着学生的胃口。这无论如何都是一种偏颇、一种游离。

人的天性中，最大的快乐莫过于发现，莫过于思维的碰撞。程式化的、缺乏课堂智慧的分析，类于僵化，使一节又一节课堂索然无味。代人思想、和盘托出的善举，到最后是好心办坏事，把充满幻想的一颗颗大脑置于闲置乃至空洞的地位，对于这群正当最好年华的头脑，纵使不是惩罚，也是巨大的浪费。

语文课堂上的消极应付者，不愿意学语文者，猜想一下，不是对文字的拒绝，更多的也许是对于陈旧课堂形式的一种反抗，他们拒绝这样的语文课，最终拒绝了文字，拒绝了语文。退一步说，过多的分析代替了独立的思考，久而久之，听课者慢慢放弃了本该是自己应该完成的任务，而消极等待老师的答案，甚至，连等待的耐心也失去了。往小处说，这无形之中弱化了学生的思维，滋生了学生依赖的心理，形成了懒惰的习惯，更严肃地说，就是把学生推向逃避和拒绝，把师生关系推向对立的边缘。

让人忧虑的，还不是也不仅是以上的结果。课堂上的时间非常宝贵，孩子们面临着一大堆课程。中学时代，正是阅读和充实自己的关键阶段。老师以一册课本充塞课堂，一篇文章分析了一个星期，这样做的结果是耗费了大量的时间，学生个性化阅读的时间被占用了。讲一篇鲁迅先生的《祝福》，老师讲了一星期，天花乱坠，可学生连《祝福》的原文都还没有读完一遍。讲沈从文的《边城》，老师讲了三四节课，学生还没读过翠翠的故事。连一篇完整的文章都没读过，那些分析完全成了空中楼阁，还有什么意义呢？就像一道好菜，只是站在远处，一一说出它有怎样的工序，怎样的营养，怎样的珍贵，却坚决不让人品尝，营养再丰富也跟人无关。早有大师说过，语文课本无非例子，这样一来，语文课本作为例子的特殊作用，到哪里去寻找呢？

（二）阅读是生命的内在需求

自从文字产生之后，阅读就成为人类赖以生存的水和空气。而且，它更内化成为生命的标志。文字成为生命的声音和载体，代替生命，穿越时空，去寻找另一个生命，在另一个生命的思维深处，激荡起涟漪，在另一个生命的口唇之间绽放成花朵。从这个意义上说，阅读是生命与生命的相遇和碰撞，是一件非常美妙和美好的事情。每一篇文章，都承载着作家的思想和体验。设想一下，文章中的所想所思，曾经怎样激励和激动过那一颗心灵，让他寝食难安，欲罢不能，必欲吐之而后快。最后，这些生动的生命体验被诉诸笔端，凝成文字。阅读的目的，就是将文字中蕴含的思想和情感释放出来，让它重新变得生动，变得深刻，活在读者的眼前心里。所以，阅读，其实是一种还原，是一种寻找，是一种再发现、再创造。阅读，是一个充满探索精神的智力游戏。它怎么能单纯通过讲解来代替呢？

语文课本来是提供阅读机会、涵养阅读情操、培养阅读能力的。尤其到了中学，在一个孩子有了相当的阅读能力之后，回到真实的阅读氛围，应该是语文课的本意。这就如同圈养和放生，没有真实的原生态的阅读环境，是不利于孩子将来对文字的使用和欣赏的。

我的耳边经常响起那首儿歌，而且每次想起，都在内心深处荡起无边涟漪，都有一种想流泪的感觉，它让我回到童年——"小嘛小二郎，背着那书包上学堂……"多温暖，多温馨啊，它让我满怀感动。读书，是一件多么让人向往的事情啊！可是，现在的学校、学堂、课堂，有一种怪象，有一种面目模糊的感觉。它变到哪里去了呢，它变得连读一本书都成为一件非常奢侈的事，变得连自由地读一本书都成为很难得的事。这不是一种正常的现象。

（三）阅读是一种能力

有一点必须明确，阅读是一种能力，且近乎本能。而且，阅读也不是语文课的专利。孩子的书包里，装着语文，也装着数学。越到后来，孩子书包里的课本就越多。数学不需要阅读吗？阅读，首先是一种学习方法，是一种最基本的学习方法。陈景润先生始终把华罗庚当作自己的老师，不是因为华罗庚给他上过多少课，而是因为陈景润读华罗庚的《堆垒素数论》，一本像砖头一样厚重的数学专著。这种传递一门学科系统知识的书，陈景润读懂了，读进去了。他读起来甘之如饴，一连读了二十多遍。后来，因为书太厚，不便于携带，白天上班的时候没法儿抱着看。他就把书拆开了，一页一页地读。到了晚上，他再把书装订成册，再读，直到他把书读得滚瓜烂熟。他还发现了书中的一处错误，他写成论文，与华罗庚商榷。华罗庚发现了这个嗜书如命的"书虫子"爱读自己的书。这件事证明了，书是用来读的，不是用来讲的，更不能篇篇讲，天天讲，即使艰涩如《堆垒素数论》这样的专著，也是用来读的。数学是用来读的，那小说散文就更是用来读的。一味地分析、讲解，尤其是知识化的讲解，常常会倒了学生的胃口。

一个学生，到了中学，他已认识三千个字或者五千个字，他早就具备了很强的阅读能力。我们却总嫌他跟不上老师的步伐，总嫌他走得慢，总嫌他阅读占用了时间，总想着去代替他阅读，代替他思考。课堂上那种把书本知识搬到黑板上再重新演绎一遍的现象，大多都是如此。老师忽略了一颗有活力的大脑，忽略了学生的强烈的求知欲，忽略了他们的兴趣、爱好，这本身就是一种强制。说到底，其实还是一种不信任。老师不相信孩子的学习能力。

教育学上有一个著名的金字塔理论。通过听讲学来的知识，两周之后在学生大脑里只剩下5%；通过阅读的方式学到的知识，可以保留到10%；而如果把自己学到的知识教给别人，则可以记住90%。由此诞生了著名的学习共同体的教育理念。即在学习中，由两位或四位同学，结成一个学习共同体，他们通过自主学习，获得知识，再通过相互讲解巩固知识。由此诞生的杜郎口中学小组合作学习模式，即墨二十八中"师友互助"学习模式，都生动地诠释了这一理念。这些生动的例证无不证明了，学习是学生自己的事。将原来的以教为主的教学理念转变到以学为主的理念是多么必要。在这里，老师的角色已经完全发生了变化，老师的根本任务就是引导。课堂的任务就是让学生在互助中发生真实的学习，而非应付的学习，甚至抵触的学习。这让我们再一次清醒地认识到，阅读是一种能力，是一位中学生在有了相当的学习能力之后，赖以继续提升和发展的基础。

（四）以读代讲

这是一种极端的提法。在改变传统课堂习惯的时候，带有"拨乱反正"的味道，意即让语文课堂回到阅读的本来面目。让课内阅读真正回到阅读，经朗读、默读、背诵，乃至交流、探讨、碰撞，而深达文章的核心思想和情感，省去繁琐的不必要的分析，学生会在阅读中品味言语之美、思想之美，会在文字所营造的思想乐园里流连忘返，爱上阅读。在这里，有一个根本的原则，就是"让语文课回到真正的阅读"。阅读课的形式值得探索，这是另一个话题，在这里暂且放下。我们在这里想说的，就是更接近于真实的阅读，或者说回到真实的阅读，才能够培养起孩子阅读的习惯，并对课外阅读和日后走出学校的阅读形成影响。由此，实现由训化的阅读到自由的、生态的阅读转变。

（五）知识化与生命化的对比

下面是郭思乐先生举的一个例子。

在一篇《藤野先生》的学案中，我们看到，教师列出的目标是文章结构、文章如何表现人物的性格、文章的写作方法。学案具体内容为分析、讲解直接描写藤野先生的文字，浏览6到10段，找出有关描写人物外貌和语言等方面的语句，明确这些语句体现人物的特点：第一，外貌描写的句子；第二，动作；第三，说话声调；第四，介绍解剖学历史；第五，忘带领结穿旧外套等。

学生根据学案阅读文章后，再在课堂上交流。在这样的课堂上，老师已经把课堂让给了学生，算是以学生为主体的课堂了。但是，我们要思考的是，文章结构、人物形象、写作方法等"语文分析学"就是语文要学习的主要内容吗？这种把文章"语文知识"化的学法，就是我们要追求的语文课堂吗？

我们所说的让语文回到阅读，是在阅读中，一个孩子透过文字所获得的思想上的思考、情感上的感动，进而产生启发，指导生存。阅读是生命的共鸣，是感动的发生，是思维的跳跃与激荡，一句话，是阅读的发生。阅读《藤野先生》，我们是在整篇文章的氛围里，在作者经营的每一个文字里，找到一个人，我们读到了藤野先生的故事，他的人性、他的正直、他的诚恳、他的呵护、他的种族平等观念，这一切，让我们记住了这个人、这个故事。读了，懂了，感动了，还要再进行分析吗？

杨绛先生为什么写《老王》，她是想告诉我们她认识的一个人，她写了，我们读了，这不就明白了吗？我们常常把人物的动作、外貌、心理当作分析的内容，却常常忽视了文章要传递的情感和思想以及那些激动人心的生命现象。一篇文章里，每一个字都是有用的，描写人物的句子，就像大海上漂浮的冰山，个别精彩的句子，只是露出水面的那一角冰山。我们是从大海里看到的冰山，是大海承托着的冰山。阅读是呼应生命内在需求的过程，不是语文知识的罗列。语文是能力，是实践，阅读本身就是最好的语文实践。

（六）阅读的时间和空间

我们倡导阅读，多读书，读好书，社会上就有了很多机构、硬件、软件，说通过他们的路径可以直达阅读的彼岸之类。其实，我们自己明白，书在那儿，说一千遍，它还在那儿，不读，书还是书，你还是你，没有作用。这么个性化的一件事，什么都代替不了。聪明的老师会发现，一旦我们真正回到阅读，回到阅读实践，一旦我们的课堂省去了大量的无谓的将语文知识化的分析，我们会惊喜地发现，我们省出了大量宝贵的时间，因为不再做那些损害文章整体情感的分析了。原本一篇《老王》，在课堂上，老师要讲三节课的，现在，学生在一节课上就读得声情并茂，或者在静思默想中获得了感动。这就是向课堂要时间，省出了时间，也省出了空间。也只有同学们深入沉浸文字当中的时候，我们才会感到，原来，我们曾经不放心的那些事情，那些过度的、枯燥的知识分析的过程，有多害人，我们才能真正让孩子体会到语文之美、语言之美。原来，我们把原本可以阅读更多新鲜的好文章的时间和空间都白白地浪费了，多可惜。书声琅琅代替枯燥讲解，涵泳品味代替被动接受，生动的感悟、感情体验成为课堂风景，这才是语文课堂。

（七）阅读内容的选择

我们已经明白，课本只是例子。因此，课程标准上特地给中学生推荐了一大批阅读书目。当然，将所列书目读完也是一件不容易的事。只是，课本上推荐书目的时候说得非常明白，这些依然是阅读书目举例。也就是说，课程标准上推荐的书目，也应以学生的阅读兴趣和阅读背景为原则，在此基础上，引导学生再行扩展阅读范围，并由此找到切合自己阅读喜好与心灵共鸣的好书来。好书汗牛充栋，新书层出不穷，尽量多推荐好书给学生，让他们在书的海洋里慢慢找到适合自己的书，对学生也是一种成全。我了解的一位初中生，自己的零用钱全用来买书，他养成了逛书店的习惯。每周都去。他的读书方法也很个性化。就是适合自己的就细读，反复读，有时一本书读了三遍五遍。不适合的，就浏览，有时候只翻一下目录，有时候只读一个序言，有时候只翻阅一个大概，了解一下内容。一年里买上百本书，自己也成了一个小学者，他的语文水平当然也非常高了。

（八）老师应该成为阅读者，应该有情怀

老师应该用自己高尚的爱好去影响学生。上课的时候抱着一摞书上课堂，就是一个好方法。把自己读过的、了解的好书，给同学推荐一下。培养孩子们买书的习惯，倡导家长帮助孩子买书，带领孩子买书，支持孩子买书。学校，总是一个地方的文化高地。学校影响学生，也要影响家长，学校要传递鲜明和先进的文化信息给社会，去影响社会，让家长信赖学校、支持学校、支持孩子买书读书。这就要我们每位老师一定要站到一个相对的文化至高点上。师生之间、生生之间在读书上可以广泛地交流。

在校内，至少在班内，营造一种爱读书的良好氛围，假以时日，孩子的语文素养想不提高也难。

（九）阅读的两个关键词：还原和联想

阅读其实是一种创造性活动。阅读常常会不自觉地加进自己的生活经历和生活推理。阅读实现的境界，第一个就是还原，就是回到文章创造的真实的生活场景。仍然以《老王》为例，把老王放在20世纪50年代前后的北京，那样一个蹬板车的老人。把自己放到那个时间和空间里去，作为一个北京人，一个老王的同事，一个生活在胡同里的孩子或者一个学者。给自己设定一个身份，把自己放进去，你就会有身临其境的感觉。你可以感受一下在北京胡同里的人生。那时候，城市贫民也没有低保，社会保险系统还不完善，他生计艰难，他的酸甜苦辣，是那个时代底层人的真实写照。这里，背景知识，可能就显得很有必要。读任何文章，都应该有这样的一个步骤，或者一个意识，引导学生还原到文章塑造的真实环境里去。这也避免学生阅读不走心，只在文字表面滑行。只有经历了阅读还原，才算是真的读过了文章，阅读才算是真正发生了。所谓语文的生活化，首先应该是阅读的生活化，所谓阅读的生活化，就是经由文字，回到生活本身，让文字点燃起彼时彼地的生活火苗。生活是丰富多彩的，时间是沧桑变迁的，不变的是人情、是人性、是思想，是经由文字所实现的生活的再造与创造。"感时花溅泪，恨别鸟惊心"，时代连通着人性，文字传递着人性，这是人类通往高尚和智慧之途的不二法门。

狭隘的联想是指，由文字所引发的对自己生活经验的回顾、品味。还是以《老王》为例，这样一位老人，他的遭遇，对每一个人都是一种强烈的触动。这种触动，回到自己的生活经验里，可能会有惊人的联想。自己的亲人，自己的邻居，自己生活中的所见所遇，在生活里，这样的鳏寡孤独，他们是以怎样的状态生活着生存着，就一下子牵动起我们的心。

（十）讲与不讲

我也常常回头想，回忆自己的上学经历，究竟是哪一节语文课，哪一种课型，哪一篇文章是经由老师的精彩分析，才给我们留下深刻印象的呢？更多的、更深的印象，还是自己在阅读中的体会和认知。入心的阅读，给情感带来冲击，也能引发深入的思考。还是苏轼说得对："旧书不厌百回读，熟读深思子自知。"那真正好的讲解应该起到一种什么作用呢？

大学里，宋宝惠老师以《廉颇蔺相如列传》解释司马迁的春秋笔法和实录精神，他举出文中渑池会上，蔺相如与秦御史各自写入史书的两句话来。秦御史书曰，某年月日，秦王与赵王会饮，令赵王鼓瑟。宋老师说，这句话，就很精彩。它既显示了秦御史的狂妄，又表现了他的愚蠢。国王会饮，为什么要令人家鼓瑟呢？这不是霸道和强权吗？愚蠢的是，这句话语焉不详。赵王是否鼓瑟，并没有交代清楚。反观蔺相如的话，就言简意赅，一语中的。蔺相如书曰，某年月日，秦王为赵王击缶。蔺相如回头招呼赵御史的情形，表明了当时场面的剑拔弩张,赵御史恐怕已吓呆了。而蔺相如在如此危急关头,依然镇定自若,思维缜密,口授之语字字清楚,秦王为赵王击缶,令人击节赞赏。这个细节描写就在于,它记下了该记的,忽略了该忽略的。秦王为赵王击缶,后人读到赵国历史的时候,会不由得生发联想,为什么呢?那是在一种什么样的背景下呢?讨好赵王吗?有求于赵王吗?给历史留下巨大的想象空间。宋老师的分析是揭示,是发现,是智慧。在学生达不到的地方,老师如果能做到这种点拨,那就会激起学生更强烈的读书兴趣。这是老师帮助我们还原和联想。比千篇一律的分析段意、中心、写作特点之类会强很多。除此之外,对于一篇好文章,那就只有阅读了。读杨绛先生的《老王》,学生了解了老王的纯朴、善良和苦难人生,知道了老王的故事,阅读的任务也就完成了。非要让学生找出哪一句话印证了纯朴,哪一句话印证了善良,为什么是这一句而不是另一句,把生动的情感传递变回枯燥的语言材料,就没有多大意义了。

这就告诉我们,讲不是对课本内容的简单重复,不是传声筒。讲的最好境界,还是孔子的那句话,不愤不启,不悱不发。讲是为了激励,讲是为了引导,讲是为了碰撞,讲是为了不讲。从这个意义上说,讲还是为学服务的,是辅助,是主导,但不是目的,不是主体。讲是一个重要的手段,但充其量也只是一个辅助的手段,讲绝不能喧宾夺主,也绝不会代替学。无论怎么讲,都是为了促进,为了使学的效果更好,为了更好地学,为了更会学,为了培养起孩子自主学习的能力。

课内写作和课外写作

(一)语言是为表达而存在的

细想起来,只有语言,乃至书面的语言——文字,才是人区别于物的根本标志。正是语言产生之后,人类才拨云见日,人类的历史才变得光辉灿烂。语言是人类演化和进步历程中一次根本性的自救。生命是言语的生命,语言是生命的本质。只要一想到生命是言语的生命，只要一想到语言是生命的本质，我们就已经感到语文的崇高。

这件事如果回到生命之初的牙牙学语，就看得更加清楚了。小孩儿学习说话的时候，他学的每一个词，都是为了表达的需要。他想下楼，他不会说下楼，他刚学会了一个字：外。于是，他一边用手指着，一边大声地喊，外！外！外！他讨厌一个人了。他还不会说讨厌，他想起了刚学会的一个词：起。于是，他愤怒地喊，起！起！起！起，就是离开，就是请到一边去。你会发现，他把刚刚掌握的仅有的几个词汇，用到极致。这告诉我们，语言在最初产生的时候，它就是为了表达，是有了表达的冲动才有了学说话的冲动。

正是从这个意义上说，语言是一种能力，它就是为表达服务的。表达的复杂化和高级形式，就是写作。用文字表达，这是作为一个文明人，一个现代人，在成长过程中所必须面对的一件事，是躲不过去的一件事。你必须把表达这件事练习到像长在身上的一只手、一双眼睛，必须成为本能，成为血肉，成为种在大脑里，又随时开放在口唇之间的花朵。最终，这些声音的花朵，脱胎换骨，成为你自己用双手种养在笔端和纸上的精灵，成为你亲手放飞的鸽群，伴随着思想的鸽哨，划破天空。

这就有了写作训练。对中学生写作训练的认识，也有一个过程。我们说阅读是一种能力，其实，写作才是语文的目的。中学生的阅读一方面是了解别人的表达，另一方面，最重要的是想通过阅读，练习自己的表达。写作就是表达，就是传递；表达和传递都是人的天性，是人与生俱来的欲望。因此，阅读是为写作服务的。语言和语文的最高标准，或者说最高境界，就是写作，而不是只停留在阅读。阅读只是练习，写作才是最终要形成的能力。只有让学生学会了准确表达自己的思想和情感，才算是语文的任务完成了。

从读到写，不是一件轻而易举的事情。它需要付出更多的辛苦。只读不写，最容易眼高手低。只有拿起笔来，落笔成文的时候，我们才会真正地体会到，书面语言，它需要更强的逻辑性，更准确的斟词酌句。我们常常说话的时候，似乎话很多，一到写的时候，却找不到要表达的意思了，这就是说和写的最大区别。所以，对写作训练的强化，怎么要求都是不过分的。

（二）以写作训练为主线的语文

正是基于以上的道理，福建师范大学的潘新和教授，提出了一个著名的论断，写重于读，而不是读重于写，也不是读写并重。这与我们一直倡导阅读，倡导读写并重，倡导读为核心，貌似是有一些出入。其实，懂得了语言的产生，再来看潘教授的理念，就很好明白了。潘教授有一本书，书名叫《不写作，枉为人》，听起来，颇让人难以接受，挺偏激的。其实，他是从言语生命的本质来说的。人类进化到今天，他区别与物的唯一标准，就是语言。哲人言，人是一根会说话的芦苇。多深刻的道理，但被思想家表达得如此明白，人有什么特殊吗？人在自然面前有多么脆弱，和一根芦苇实在没有多少区别。但人会思想，思想的最直接依托就是语言。如果没有了言语，人还能称其为人吗？言语的终极呈现是表达，写作就成为人类生存必不可少的技能。如果连这个也丢了，那还不是"枉为人"吗？所以，言语本身构成了生命实质。既然言语是生命的内核，是表达的内在需要，那写作就是天性和本分。现在，我们说语文的学科素养，核心应该就是写，就是要学会准确地表达自己的思想和情感。明白了这个道理，才有了以写作为主线的理论基础。

在语文课堂上，原来一直是以阅读为主线的。现在，我们就发现了它的弊端。它给人一种误导，让人觉得阅读是语文的起点，同时又是终点。从阅读出发，到阅读为止，好像学会了认连贯的字就行了。写作只是阅读的附属，是可有可无的。

在实践中，我们也发现，有的同学读了很多，可是他的阅读不能深入。他不能读出文字的丰富内涵，也不能生发出生动的联想。究其原因，是没有对写的训练。这里就有一个道理，写作的过程，其实是一个让思想和情感变得有秩序的过程，是散乱的珠子，终于串成了串。它让思想有了队列，有了纵深。只有变成了文字，表达才清晰起来。因此，写是阅读的升华，也是阅读的深化。没有写的过程，阅读就难以深入，就总习惯于一种平面的滑行。所以，给写的训练以应有的地位，不是理念之争，不是一种权宜之计，这实在是语文学习的正常道路。

语文课堂应该回到以写作为主线的路径上来。语文课堂的安排，应该围绕着写作训练来展开。阅读，有一个最根本的任务，那就是，所有的阅读是为写作服务的。所有的文字，作为学习写作的材料，也作为学习写作的拐杖。阅读成为通往写作的基本路径，成为手段，它为学习写作、启发写作而存在。

好在人类发展到今天，已经有了很高的智商，我们的语言学习也不是从零开始。我们面对的是人类已经积累起的伟大的文明。正是因为我们站在先贤的肩膀上，我们才能在如今灿烂的人类文明面前，可以从容挑选、沉醉。这种文明的主要载体，还是语言。正是基于此，中学生训练写作的路径，要从阅读中去寻找。

（三）读写联动——把阅读的心路历程写下来

读写联动是一种可行的写作训练方式。它是情动于衷，形诸于文。我们现在明白了读和写的关系，这件事做起来，就省事多了。

引导学生还原阅读场景，引导学生在阅读的时候生发联想，会激发学生说话的欲望，这种欲望，是写作训练的最好境界。我们先说阅读中的还原，这是一件重要的事。我觉得这是语文训练的一种非常好的形式。阅读的还原，也就是阅读的共鸣、阅读的感悟和感动、阅读的思想碰撞。我们设计一种作业，这种作业，就叫作"阅读笔记"。阅读笔记是回到作品的生活情境中去的。阅读笔记在低年级，做到交流和表达就很好；在高年级，可以拓展到研究和报告，还可以形成自己的观察和记录。这些都是对作品的感悟。由此出发，走向自我的表达和传递之路。

阅读笔记的形式很丰富，可积累字词、可摘抄、可写感想、也可记叙，记录自己阅读的经历，好处在于，它是水到渠成的一件事。

写作训练常常带有很强的任务痕迹，没有铺垫，没有酝酿，很突兀的一个作文题目；或者老师总是从解说到解说，从理性到理性，学生始终是云里雾里，油水分离。这样的写作训练，学生做起来常常有负担。

老师在课堂上也常常习惯了下命令，缺乏柔性的引导。比如写阅读笔记，常常带有很强的任务意识。未读之前，先说务必要摘抄多少字，要写多少字的读后感，学生还没读，先背上一个包袱，习惯地就把一件本身很有魅力的事当作任务了。就像陶行知所讲的那个著名的鸡吃米的故事，鸡吃米本来是天经地义的，可一旦被强迫，它反而拒绝。

把阅读笔记当作一项日常训练、一种日课。它的产生，必须是在学生有了共鸣之后；它的形成，必须是在学生阅读之后；它的存在，也必须是慢慢地成为学生自觉自愿的行动。让学生慢慢地感到，这种形式非常必要，非常重要。把阅读的心路历程记下来，既是自己的阅读经历、情感历程，也是自己的成长经历、人生历程，是生命丰富发展的良好途径。总之，只要这种记录是感动之后的倾诉，理解之后的分析，那对于学生来说，就是成长，自然也就顺畅得多。

（四）随、碎、真——随笔写作的散点透视

由阅读而产生启发，它的另一个巨大作用是引发联想。这种联想，叫作"随笔"。随笔，是由阅读引动启发的，最后回到自己的生活中去，成为对自己生活的记录。现在，我们确定了两种写作训练的方式。阅读笔记是内省，是向里看；随笔是外延，是拓展，是向外看。内省是楼台，外延是楼台之外的风景。内省是自我的丰富，外延是世界的丰富。作为一个学生，随笔训练的起点在哪里？依然在阅读，在阅读引发的联想。这还是一种读写联动。如上所举，我们学习杨绛的《老王》，它引发了我们的联想，在这样动情的联想中，我们把身边的人物选择出来，表现出来。这种联想有时候是零散的，不成篇的，我可以随时随地记下来。一句话，一件事，一个人，把这些零金碎玉积累起来。重要的是，这都是自己真实的记录，是阅读帮助自己找回的记忆。有时候，这种联想又是完整的、丰富的。比如，我们由《老王》想到了身边的某个人，在这种感动中，写下他们，这就成为了写作的一种源泉。

不管是阅读笔记还是随笔，都是心灵的共鸣，是发自心底的声音，在这里，在自己的笔记里、随笔里，假大空就没有了市场。

我们心里清楚，触动自己写的欲望，这种机会和事情有很多，不仅仅是阅读一途，举凡生活中的人和事，自己的言行思维，都是可能触发自己写作的由头，这都为随笔训练提供了契机。从生活中来，是随笔训练的又一重要途径。培养学生善于观察，处处留心的好习惯，把生活中的点点滴滴写下来。而且，一篇好的作品，它肯定是从生活中来的，从生命的深度思考和体验中来的。通过阅读引起写的冲动，这只是写作训练的一种方法。真正实现写作的自由境界，那一定是要在生活中在思考中去历练的。这肯定是写作的最终途径。但这跟课堂上训练学生阅读，和在阅读中培养写作并不矛盾。非但不矛盾，而且还是有直接联系的。因为，只有在阅读中，学生才明了写作的目的和意义，也只有在阅读中，学生才能理解好文章的标准，才能有所依傍。所以，由阅读出发，培养学生写作的习惯，与培养学生观察和体验生活，其实是相统一的。所以，才有了古人的"走万里路，读万卷书"。这就把写作训练分为两种路径，阅读和实践。走万里路也是在阅读，读人间这部大书，只是阅读的方式和内容变化了而已。并且，由阅读引发的联想，其实正是实践的结果，或者说是实践的贮存。是阅读触发了实践，唤醒了实践，是阅读把写作训练拉回了生活，找到了那个共鸣点。

这里的关键是养成好习惯，阅读的习惯，写作的习惯。天天读，时时写。在课堂上，体现为老师的引导智慧，写作作为一种思想的体操，需要时时训练，把自己和文字捆绑在一起。三天不写手生，是练字人的体会，又何尝不是训练语言的真实写照。只有保持对文字的敏感，让文字活在自己的心头口头，运用起来才能得心应手，这是培养学生写作习惯的重要依据。

（五）模仿：写作训练的好方法

对于刚刚开始练习写作的孩子，要培养写作的能力，模仿是一条捷径。

前面说过，阅读其实是给学生提供了写的一种可能，阅读还在无形之中给学生提供一种参照、一种蓝本。每一篇文章里，都在告诉读者，该怎么写。但是，在具体的写作训练中，还是要有充分的、供学生参考参照的材料。专题化的写作训练尤其如此，不能只是给一个题目，也不能只是解说题目。真实的文章，就是写作的榜样。人家是怎么写的，作者会受到一定影响，鲁迅先生写《狂人日记》，就受到俄国作家果戈理同名小说的启发。那么，初学写作的学生，给他提供相关的模仿，是一条不可替代的路径。比如，一种写作训练之前，至少给学生提供三到五篇类似的，尤其是同龄人的创作，让他有所依傍，模仿是创新的开始。

也正是从这个意义上讲，我们特别强调读写的融合、读写的联动。这就是另一个非常重要的阅读方法，专题化阅读。我们应该建立起清晰的专题化阅读的概念，探索专题化阅读的技术手段。在这里，我们把专题化阅读，当作写作训练的手段来说。即每一次、每一项专题阅读，在它之后一定跟随着或者柔性引导到写作的训练。或者相反，由写作训练，反推到专题阅读，即先有充分的文本准备，先做专题阅读，再跟着做写作训练。首先是课本的整合，最好是按照内容，把相近的课文整合到一起，集中阅读。让学生在阅读中找灵感，如有触动，学生随时可以组织自己的写作。其次是课外阅读的整合。按照课本整合的方法，扩充阅读材料，引进新鲜的、与写作训练相匹配的文章，目的依然在于启发学生的写作。其实，每一次阅读，都是对学生写作的一次明示或暗示，即一篇文章、一段文字，都能起到这样的作用。这里就需要老师大量地、耐心地寻找、推荐一些好的材料，需要老师细心柔性地引导。这种读写联动的训练，学生容易入门，老师也可以省去大量的不必要的铺垫解读，不失为写作训练的好方法。这种方法，不分年龄，亦不分学段。即使对于那些错过了最好的训练节点的孩子，到了高年级，依然没有培养起好的写作习惯，这种模仿仍然是很好的方法。当然，作为一种训练方法的模仿，和抄袭是截然不同的两回事。

（六）激励和习惯养成

上高中时，我的语文老师谭登坤，他在每一次作文批改之后，都要当堂将优秀作文读出来。他会把学生的一篇作文拿出来，要你反复写，反复改，跟踪改。他发现了一篇并不成熟的文章，但只要有一点亮色，他就会找到你，或者直接在课堂上点评，让你把这个题目再写一遍，第二遍不行，就写第三遍、第四遍，直到写得像模像样。我在谭老师那里明白了一个道理，好文章都是改出来的。一个人的思考，有一个慢慢丰富发展的过程，它不可能一出现就完美，好的文章是需要反复思考、反复修改的。为此，我们设计了一个作业，叫"精品集"，就是让学生把自己的日常随笔每两周整理一次。发现这两周里比较满意的片段，就修改加工成一篇完整的文章。这些文章可反复加工润色，到期末，发还学生本人，整理出目录，定下书名，写下序言和后记，编成一册，视为自己的一部著作。这既是鼓励之法，亦是学生提升成长之法。

课堂激励应该成为常态。老师的作用在于激励、在于提醒、在于培养学生读和写的习惯。老师有灵丹妙药吗？能传授作文秘诀吗？老师唯一能给学生的，就是一次又一次的机会，一次又一次的信心，一次又一次的激励，直到学生养成良好的读写习惯。那样，他在走向考场的时候，才能自信满满，成为一个不怕考试，每考必胜的学生；只有那样，他在走出校门的时候，才会成为一个终生习惯于读写的人。

课内活动和课外活动

（一）项目式学习

山大附中的赵勇校长讲到，要全校全员开展项目式学习。初中语文，在一个学期中，让学生跟踪采访一位亲人，比如自己的爸爸妈妈或者爷爷奶奶、外公外婆等。确定下采访对象之后，就在一个学期中做跟踪采访。学生自己制订采访提纲，自己安排采访时间，采访的方式也多种多样，既可以对当事人直接采访，如茶余饭后、节假日、周末，两个人一起回忆往事，探求细节；也可以采访与当事人有关的同事、同学、朋友或当事人的亲人，所有有联系的人皆可。这种采访也常常让家人陷入回忆，引发感慨。有一位同学，就打越洋电话，采访自己妈妈的同学，去求证妈妈上学期间的一件往事。这样的活动，不但锻炼了孩子，而且让孩子重新认识了亲人，让他们体会到生活的丰富，也体会到奋斗的艰辛，使他们对自己的亲人有了全新的认识。待材料搜集完成后，孩子们自己列出写作提纲，进入写作状态，有的孩子写了两万字，有的孩子竟写了十万字。一篇一篇的人物小传，让亲人感动，让孩子在自我教育的同时，获得成长。有的家长，读着孩子的文章，感动得泪流满面。

这样一个活动，它对孩子带来的影响是巨大的。它不仅是对孩子文字的训练，还有各方面品质的训练，它实际上是一种全方位的训练。完成这样一个作业所花费的时间和精力，所投入的热情都是巨大的。但是，从未有家长抱怨，说作业量太重。顺便说一句，这种作业，他们是在各个学科开展的。比如生物课，他们开展的项目就是"倾听花开的声音"。这个项目，他们已经在几届学生中开展，效果良好。

（二）化读写为活动

以上例子，是想证明一个道理，一个好的活动带给学生的影响是巨大的，甚至是上多少节课都不能代替的。学生成长在活动中，这句话一点不假。我们平时组织的诗词朗诵比赛、演讲比赛、作文竞赛、辩论会、演唱会、模拟法庭、课本剧、各种研学活动、各种兴趣小组、各种学习共同体等，都是很好的活动形式。

但是，这还不够。脑子里一定要建立一种新的理念，那就是学习是由活动组成的。学生的学习过程，就是一个又一个大大小小的活动串联起来的。学生实践的技能一定要在活动中得到锻炼，学生知识的获得，也要在实践中积累。要舍得下功夫去设计、准备活动，要舍得下大力气去组织活动。活动成就人，活动促进人，实践是最好的学习。脑子里甚至要有这样的理念，每一次走进教室，都是一次活动，每一节课都是一次活动。当老师走向讲台的时候，我想的是，这一节课的活动如何开展，这一节课的学习任务如何在活动中完成。

每个孩子的身上都蕴藏着巨大的智慧。活动的设计和创新靠学生，活动的组织开展靠学生，活动的评价也要靠学生。只有让学生真正成为活动的主角，才能让他们在活动中得到训练。活动的各个环节的展开，都要由学生操作。即使他们的言行是生涩的，是磕磕绊绊的，是不成熟的，甚至是可笑的，也要宽容并且鼓励。在活动中，老师的角色是导演，也是普通一员，老师的参与是出谋划策，但绝不是包办代替。只有这样，孩子们才能得到充分的锻炼。也只有这样，才算真正体现了学生是学习的主人。

有了课堂活动的意识，我们的课也会跟着活起来。很多死板的、沉闷的课，都是因为老师缺乏活动意识的结果。一堂课，从学生参与组织课堂活动的有关学习环节出发去设计，比起老师一个人唱独角戏，肯定就有了动态效果。这是一个理念，也是一种方法，有了课堂活动的意识，实践的意义才能体现出来。

一个孩子，他在课堂和学校的活动中，有了担当，有了责任，有了角色意识，才会有信心。课堂的活动外延到社会时，让孩子参与各种社会实践活动、志愿者活动、公益活动，久而久之，他就会成为热情主动的一员，成为一个有见识的人、一个有能力的人、一个品质高尚的人。

总之，阅读、写作、活动，这三件事从本质上说，写作是目的，写重于读，阅读是为写作服务的；但阅读之中孕育着写作的因子，没有阅读，就没有写作，只有阅读才能写作，读是通往写作的最简单、最直接的途径。从形式上说，课堂活动是读写训练最基本的、甚至是唯一的载体，是老师智慧的外显。

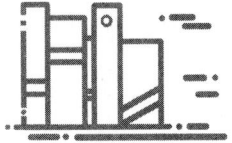

第四辑

杏坛芳华

孩子，你们是五中的牵挂

　　初一年级有两个特殊的孩子，他们是兄弟俩。一个在七年级（1）班，是弟弟；一个在七年级（10）班，是哥哥。兄弟俩租住在距离学校2.5公里附近的村子里，家里靠母亲一人拾荒苦苦支撑。哥俩每天跑步上学，跑步回家。你肯定会问为什么他们不骑车上下学呢？这是因为他们家里没有自行车。

　　他们第一次引起老师的注意是在学校组织卫生大扫除的时候。那是一个晴朗的午后，学校安排七年级的学生对学校门口的马路进行清扫。很多孩子看到路边的垃圾袋，用袖子捂着口鼻，嫌弃地捡起来后立即扔到垃圾桶里。可是这两个兄弟，只见他们一手拿一个大的垃圾袋，另一只手快速将小点的垃圾装进来，不一会儿，他们的身边就堆满了各种颜色的垃圾袋，并且分类清晰，老师和同学们在惊讶的同时也非常敬佩。这就是我们学校特殊的哥俩，母亲靠拾荒为生，孩子也经常在家帮妈妈将各种各样放错地方的"垃圾"进行分类，他们从事着最流行、最时尚的垃圾分类工作。我走到他们身边，说："你们可真厉害，这么快就收拾了这么多。"孩子说："老师，这很简单，小菜一碟。"我心里微微一颤：孩子你这是吃了多少苦，才练就了这身本领啊！为了照顾这两个孩子入学，我们打了特别申请，哥俩是教体局局长特批进入五中的，入校后还为俩孩子减免了校服费等费用，并按照一生一策方案进行资助帮扶。因为，他们自从踏进五中校门的那一刻起就牵动着我们的心。

　　再一次被他们感动是在一个星期一，班级收周末作业的时候，课代表说他们没有按时完成作业。顿时，班主任心里的火就起来了，一共就布置了五六个题目，他们竟然没做！老师气急了，想着一定要好好地收拾他们一次，不能养成坏习惯。就在这时，他们轻轻地走到老师身边，怯怯地看着老师说："老师，周末家里出事了，所以没有完成作业，一定不会有下一次了。"是啊，他们的家庭情况我们是知道的，怎么就不能听他说一说呢？原来周末的时候，他们外婆租住的房子出了状况，他们去帮助外婆收拾房子了。孩子，生活的苦难在你这里已成常态，过早的生活负担教会了你孝敬母亲和支撑家庭。当天学校了解情况后立即进行了电话家访。因为，你们在五中的时时刻刻、点点滴滴都牵动着我们的心！

2020年的新春佳节是不平凡的。因为新冠肺炎疫情使得我们迟迟不能开学相见，为此，聊城市教体局组织全市名师、教学能手加班加点录制了"空中课堂"，当所有的学生都期待"网上学习"的时候，你们就成了五中的牵挂，学校第一时间让班主任打电话了解哥俩的学习形式，班主任向校长转述了你们的话："我们家没有电视机，也没有智能手机，不能线上学习，盼望着能早日开学，开学就能和其他同学一起学习了。"听到这些，校长斩钉截铁地说："不能让一个学生掉队，我们学校想办法给孩子创造学习条件！"五中党支部立即向全体党员和入党积极分子发出倡议，仅仅用了30分钟，我们就捐款2880元，中学部高学静主任更是将自己的智能手机捐了

爱心捐赠

出来。立即由支部委员代表和班主任老师将捐款和智能手机交到了两个孩子手中，并帮他们开通了流量，教他们怎样使用。至此，聊城五中保证了全体学生如期进行线上学习。拿到手机和捐款后，孩子们高兴地说："我们太开心了，能和其他同学一样学习了，太感谢老师们和学校了，我们一定好好学习。"孩子妈妈激动地说："因为疫情防控期间，不让出门，也捡不到垃圾，这个月没挣到一分钱，多亏老师们捐助，我们一家人生活有了保障。"

疫情阻断出行，却割不断温情。爱心无价，真情无声，在这个静待花开的季节，我们用真情铸就希望，用爱心守护梦想。

孩子们，你们永远是五中人的牵挂！

身边的榜样

　　"学高为师，身正为范。"这句话大家都很熟悉，从第一次听到这句话开始，李老师就一直把它当作自己的座右铭。而在工作了一年之后，她发觉要成为一个好老师，除了学高、身正之外，还有更重要的一点，那就是爱。"教师的爱是滴滴甘露，即使枯萎了的心灵也能苏醒；教师的爱是融融的春风，即使冰冻了的感情也会消融。"著名教育家巴特尔高度凝练地诠释了教育的意义。而让她真正认识到这一点的，是段柯欣老师。

　　段老师非常注意身边的小事。她说，让学生时刻觉得老师就在他们身边，时刻在关心他们。红领巾歪了，她帮着整理一下；某一个孩子的头发长了，她会提醒孩子该理发了；体育比赛，她怀里抱着一摞孩子们脱下的衣服……这些小事，在她，做得是那么随心，又那么认真。她常说："教师的爱，是照亮学生心灵窗户的点点烛光。对待学生，要像对自己的孩子一样。要让学生感受到，老师就像他的亲人一样，时刻关心着他的点点滴滴，关心着他的进步和成长。这样的老师才是一个合格的老师。"

　　记得有一次，段老师发现静文同学的作业已经有几天没好好完成了，学习成绩也有浮动。放学时，便特意喊住了她。她刚想和她说些什么，静文突然怯生生地冒出一句："老师，我得早点回家。"段老师看着她，顿了一下，突然意识到了什么，亲切地跟她说："好的，老师今天想给你布置一个特殊的作业，回家写一篇日记，题目是《我要早点回家》明天给老师看看，好吗？"静文点了点头，段老师催促道："那就快回家吧。"静文感激地看一眼老师，转身走了。

第二天，静文的日记交上来了，虽然语句不是太通顺，但是大致意思是看懂了。"我已经有一个弟弟在上二年级了，但是妈妈又生了一个小弟弟，一岁都不到，我每天回家做完作业就得抱弟弟，爸爸嫌我太笨，学了也白学。老师把我留下来补课，妈妈就说我是放学后偷懒不回家抱弟弟，我再怎么解释，妈妈还是不相信，老打我。老师，我真想每天都早点回家！"字里行间流露出一个孩子的无助。段柯欣老师看了，内心非常不安，也很自责，自责的是自己没有及时了解她的家庭情况，让她回去受了不少委屈。她想，要先跟静文的父母沟通一下，再详细了解一下静文的家庭状况，然后给他们介绍一下静文在学校的情况，让他们知道，静文是一个肯上进的好孩子。由于手头的事太多，段老师便拿起电话，拨通了静文爸爸的电话。段老师说，家长要多体会孩子的内心感受，倾听孩子的声音，还说了许多静文在学校的表现。静文的爸爸听了老师的介绍，很感动，感谢老师对孩子的关心，并答应以后多跟孩子交流，多支持鼓励孩子。自那以后，段老师每天利用课余时间给静文补课，及时给家长反馈孩子的点滴进步。静文也像变了个人似的，状态越来越好，成绩也渐渐有了起色。脸上的笑容多了，对班级里的事也越来越关心。后来，静文在一篇日记中写道："因为段老师经常与爸爸交流，他们再也不打我了。我每天回去，都尽量帮着妈妈做家务，看护小弟弟。爸爸妈妈总是嘱咐我，要听段老师的话，要认真完成作业。他们在我做作业的时候，都是把小弟弟抱到别的地方去（怕打扰我）。我每天都可以有更多的时间做作业和背书，我相信我的成绩会提高的。老师，谢谢您！"

段老师的身体力行，让李老师感慨良多，让她切身体会到，作为一名老师，心中有爱，是多么重要！学生感到老师在用真心关爱他们，他们才会把老师当作朋友。学会用爱与学生相处，让学生感受到爱的温暖，让每一位孩子在班集体有家的感觉，乐于交心，共促成长，这是做一位好老师的"真谛"。

交流·交心

刚刚开始从事教育工作的时候，陈老师并不善于与学生交流，很长时间她都是上课即来下课即走，从不与学生进行思想交流。她认为老师与学生没有必要交流那么多，除非学生犯了错。但后来发生的一件事彻底地改变了她的想法。班上有一名男生名叫卜英，是一个福利院的孩子。上课反应迟钝，学习虽然很刻苦，但成绩却不理想。又由于他个人卫生较差，所以同学们都不愿与他交往，甚至没人愿意与他一起坐。按常理说这样的学生应该很自卑，但他不，他积极乐观，总是面带微笑，对任何人都很有礼貌，还从不怯与老师交谈。那时的陈老师表情冷漠，学生们都很害怕她，对于这样的学生她甚至从没叫他起来回答过问题。但她经常觉得那个学生好像是欲言又止，可她从来没有在意。

但是，一次期中考试之后，他竟出乎意料地得到了高分，陈老师认为这对于他是绝对不可能的，要知道他从没及格过。这让老师很生气，因为老师在平时经常强调同学们考试一定不能作弊，成绩要真实。没想到他竟然……陈老师没细想，马上把他叫到办公室。在老师的严厉批评下，一向面带笑容的他竟开始小声地抽泣起来。

第二天一早，来到办公室，陈老师看到有一封皱皱巴巴的纸条放在办公桌上，打开一看，是他写的。他承认自己的成绩是抄来的，他说他喜欢语文，尽管他的成绩一直不好，但他希望老师能叫他回答问题。他这样做是想引起老师的注意，没想到老师会这样生气，他感到很内疚。他说他一定会更加努力，不会让老师失望。纸条的最后写了一行小小的字，看样子是后来加上的：老师，其实你笑起来挺好看的，真的，我们都有点怕你，但也喜欢你，我听同学们也都这样说呢。看到这里，陈老师心里酸酸的，还有点甜甜的，没想到被大家一直漠视冷落的角落里有着这样一双渴求老师关注的眼睛，虽然采取的方法有点幼稚；更没想到孩子们对她这个不称职的老师有着这样的谅解和期待！陈老师这一刻感到很懊悔。从此，她慢慢地尝试走近学生，与他们谈心交流，她发现孩子们其实都很可爱，他们的内心世界也是丰富多彩的。通过交流，她也慢慢地开始了解他们，学生们的学习兴趣也与日俱增。老师与孩子们之间不再有隔阂，而是充满了欢乐和阳光！卜英更爱笑了，也知道讲卫生了，同学们也都愿意与他交朋友了。而老师也在与学生们的交往中找到了自信和快乐。

故事背后是教育。就像苏霍姆林斯基说过的，一个好教师意味着什么？首先意味着他热爱他的孩子，感到跟孩子交往是一种乐趣，相信每个孩子都能成为一个好人，善于跟他们交朋友，关心孩子的快乐和悲伤，了解孩子的心灵，时刻都不忘记自己曾经也是个孩子。老师的一个微笑、一个和蔼的眼神、一句关心的话语，都会给学生带来那么多的欢乐、那么大的改变、那么深的感动。

现在，和孩子们在一起她会觉得时间过得格外快，陪伴孩子们一天天成长，成了她最幸福的事。

架起爱的桥梁

李富遇，季老师记住了这个名字。他身上发生的事儿，对于季老师来说，无论作为老师，还是作为母亲，都给她带来了极大的感触。李富遇的个子矮矮的，是不是承受了这个年纪本不该承受的压力，才会让这个孩子看起来那么娇小瘦弱？

开学伊始，一位母亲引起她的注意，这位母亲瘦瘦的，高高的，右眼有些斜视，手里紧紧地拉着一个瘦弱的小孩，他们就是李富遇母子。孩子有点胆怯，妈妈拉着他的手和老师打招呼。老师笑着摸了摸他的头说："你好！李富遇，去找个座位坐下吧。"这是季老师第一次见到他们母子，母亲和蔼可亲，孩子也很乖巧。上半学期，孩子成绩中等偏上，作业基本按时完成，可就是不自信。

时间总是转瞬即逝，2019年很快就来了，随之也迎来了我们崭新的学期。这时，李富遇出现了上课心不在焉，作业完不成，言语之中还不时有不雅之句，甚至偶尔下课还会和同学起肢体上的冲突等问题。老师当时也很震惊，很难想象这样一个小孩子，而且上学期乖巧的孩子会变成这样。他见到老师时，也竟然挺直了腰板，一副桀骜不驯的样子。老师想不通的是，为什么一个寒假回来，孩子就变了。大班空做完广播体操，季老师把他留下了，像朋友那样在操场上和他一起散步。一开始，他全心戒备，敷衍回答。随着老师自报爱好，告诉他工作之余会做什么，还给他看老师平时和儿子的照片，他开始卸下防备，由微笑逐渐转为哈哈大笑。老师了解了事情大概，原来是他感觉到他的双胞胎弟弟夺走了原属于他的爱。虽然妈妈会考虑他的感受，也会适当地在给弟弟们买东西时想给他也带一个，但是因经济压力，爸爸就会反对，甚至和妈妈意见不合，他就更加害怕了。一般回到家，爸爸都是和弟弟玩，只有他犯错误的时候才会和他说上几句话。他现在这样做就是想引起他们的注意。了解情况后，季老师请来了妈妈，代替孩子把心中的委屈说了出来，他妈妈是个明事理的人，连忙保证以后会顾及大宝的感受，并且回去就和爸爸沟通，也不再当着孩子的面争吵，并且做到一碗水端平。后来的一段时间里，孩子似乎又回到了从前，见到老师后还是羞涩地问声老师好，作业也按时完成了，上课状态也算好。

就在季老师长舒一口气的时候，关于他的"控诉"又开始了。上课注意力不集中，作业不认真，成绩开始下降，李富遇又开始和同学起肢体上的冲突了。张冉老师的课上他竟然睡着了，季老师感觉事情不是这么简单，还是像上次那样把他叫到操场上，这回他的烦恼让老师大吃一惊。简单地说，他们全家现在住在姥姥家的院子里，姥姥家的房屋面临拆迁，没有房子住，这让他们一家的处境很艰难。妈妈告诉老师，随着拆迁的临近，姥姥姥爷很愁，他们同时也把一些负能量带给了孩子。因为有一天，孩子告诉妈妈他在外面看小广告，看到了一处房子，既能让她妈妈继续理发，还能让爸爸继续做修车洗车的生意，而且他每天都在幻想搬离那地方的美好生活。老师想他在班级里的不雅之言，以及和同学的肢体冲突，甚至在弟弟们不听话时对弟弟大打出手都是因为这些原因吧。妈妈还说，其实孩子在这样的家庭环境下长大，已经承受了很多的压力，别人家的孩子放学后有父母做的热乎乎的饭菜，而他因为爸爸妈妈忙于生计只能拿些零钱买点吃的，还要他走很远的路去幼儿园接弟弟们放学。和妈妈聊了一会儿，妈妈就说要去接弟弟们放学了，并主动提出来让老师和孩子单独聊一聊，因为上次的谈话对孩子有很大的触动。

这一次谈心，李富遇刚一坐下，眼泪就刷刷地往下掉，季老师强忍住泪水，告诉他，你有爱你的爸爸妈妈，有爱你的老师和同学，你也要把这种爱传递给你最亲近的弟弟啊。咱们都讨厌打骂，你知道打骂能给人带来什么样的心理伤害吗？你也不想以同样的方式对待你的朋友和亲人，你是爱他们的，对不对？说到这儿，他已号啕大哭。老师轻轻拍着他的后背，眼睛里也是湿润的。过了好大一会儿，他告诉老师，他不敢在爸爸妈妈面前掉眼泪，因为他怕增加他们的烦恼，他们现在已经够累，事情已经够多了。他才不到9岁啊，懂事得让人心疼。他又告诉老师，其实爸爸妈妈看他这几天的状态也不对，再加上在聊城租不到合适的房子，便想回到爸爸的老家。他一直不同意，因为他不想离开他生活了6年的地方。这时，妈妈也回来了，看天色不早，他们就匆匆道别了。

第二天，孩子悄悄告诉老师，他要转学了。接下来的几天看到孩子妈妈在朋友圈发了一些照片，把家里搭建的洗车维修车间拆掉了，带不走的东西都变卖了，孩子在几天后就转走了。又过了几天，孩子和季老师视频，告诉季老师他已经进入了新学校，新学校也很好，说可惜的是同学录没有写。之后，每逢节日，季老师都会收到他的祝福，他也会向老师汇报一下成绩。教师节的时候，季老师收到了他写的信，说他一切都好。前几天还高兴地告诉季老师，他的成绩又有了提高。每次交流，季老师都会鼓励他进步。妈妈说，这给了他很大的动力，现在比以前自信多了，也开朗了很多。

人们常说，家庭是社会的基本细胞，家庭安定则社会安定，家庭和睦则社会和睦。相反，家庭失和，让孩子整天面对无休止的争吵，对孩子的健康成长势必会造成很大障碍。作为老师，我们明白，一定要继续践行"以父母之心做教育"的理念，用爱架起和孩子沟通的桥梁。

当老师真好

一句话

那是一个天气晴朗的周一，上午第三节课，是王老师的语文课。她微笑着走进教室，准备开启一堂轻松的语文课。其实，这节要学的《一封信》并不是一篇能让人心情轻松的课文。只是王老师总想让孩子们在语文课上感受到真实，且每堂课都力求如此。

可这节课注定不普通。课堂上，一个孩子的发言惊到了王老师！原本，这节课就要像平常一样结束了，可是老师看还有几分钟，临时起意，拓展了一个问题：爱是相互的，一个家庭只有家人之间相互关爱，才能和睦、和谐，才会感受到幸福。同学们对"爱"是怎么理解的呢？可以结合自己的生活说一说。

孩子们纷纷举手发言，说得情真意切。正当老师把赞许的目光不停地投送出去时，可爱的志恒同学缓缓举起了手，老师叫起了他，没想到他的一番话让老师深感震惊，他说："家就像一堵墙，家人之间就要互相关爱，有爱的家庭就会让这堵墙更加坚固，没有爱的家庭，墙就会坍塌。"一个八岁的孩子，真不得了，竟然能说出如此形象而富有哲理的话，他的心思该有多么细腻！志恒胖胖的，像只熊猫，非常可爱。看着他，再看着那一个个"小鬼头"，老师心里想：可不能小瞧他们，不能小瞧这群小家伙！

这节课后，志恒那机灵、可爱的样子时时浮现在老师的脑海中：这不正是我们想要追求的课堂的样子吗？

一兜榆钱

好久都没有过这样的感动了。王老师继续向我讲述她们班的感人故事。

周一早晨，王老师刚迈进教室，小精灵茹冰就怯怯地朝老师走过来，手里拎着一个方便袋，透过袋口的缝隙，她一眼就看到了那片片新绿——是榆钱！老师接过这份沉甸甸的礼物，微笑着摸了摸她的头，轻轻地道了声谢谢，眼里满是爱怜，心中更是柔软：多招人疼的小姑娘，漂亮可爱又有心。

事情还得从上周五说起，午餐后，王老师像往常一样带着这群萌宝们去操场"放风"，春天来了，他们餐后散步不应只有教室到餐厅来回的距离，而应该多看看这满目春色。老师要和他们一起找春天！刚走到操场的跑道上，就有同学指着墙外问："老师，你知道那是什么吗？"顺着他手指的方向望过去，王老师顿时乐了，这还能难住老师，刚想张嘴，其他同学就争先恐后地说起来了："榆钱！""那是榆钱，我还吃过呢！""对，是榆钱，我回老家时还和奶奶一起撸了一大筐呢！"老师接过话来："没错，孩子们，那就是榆钱。老师小的时候，家里穷，经常吃榆钱和玉米面做成的窝窝头，现在想起来，那时候虽然生活苦点儿，可也特别快乐呢！只是，好多年都没有吃过了，特别怀念榆钱的味道！"王老师一边说着，一边深情地望着榆树上那满枝新绿，耳旁响着孩子们的欢声笑语。就这样，你一言我一语地聊着，赏着初春的美景，感受着扑面而来的春意，美美地走了两圈。

没想到，"说者无心，听者有意"。周六上午，老师收到了茹冰妈妈的微信："王老师，茹冰老家有榆钱，非让我给您摘了送去，她说听见您说想吃榆钱了……"孩子知道自己喜欢谁，也懂得怎么表达自己的想法了，王老师挺欣慰的，她对全班孩子们的付出，孩子们心里都有数呢！她的心里满是感动，这么小的孩子，可真有心！

　　和茹冰妈妈聊天，知道了孩子是单亲家庭，跟着妈妈一起生活，瞬间明白了孩子那超乎同龄人的敏锐洞察力的成因。

　　王老师欣然接受了这份珍贵的礼物，闻着它的清香，似乎看到了那颗纯洁有爱的心，相信这份美好会像春天一样温暖老师的心，让师生谨记自己的初心与使命，感恩前行。

　　每每想起孩子们的点滴美好，更让我坚信：当老师真好！

最美是你

　　乔老师是一位新入职的年轻老师。她有朝气、有思想、谦虚谨慎、积极进取。来到新单位，站在多年梦寐以求的教育讲台，高兴之余，她时刻留心同事们的先进教育教学方法，从中汲取精华，内化于心，以达到高效育人的目的。身边的榜样很多，她重点给我讲述了董新霞老师对她的影响。

　　一天，她早早地来到学校，学生还未入校，老师们也还没到校，校园里格外安静。到了办公室后就看见董老师已经在工作了。她很奇怪，离上班签到时间还有20分钟。她问："董老师，今天要安全值班吗？""不。"董老师笑着回答道。她更好奇地问："不值班你怎么来这么早啊？"董老师回答道："学生马上就快来了，我早来一会儿去班里盯一会儿，让孩子们打扫一下卫生，整理一下桌凳，交完作业差不多就到早读了，我如果不去，担心乱成一片。"说完，董老师向三年级（2）班的方向走去。后来在与董老师的聊天中知道了董老师在城市的东边住，家里还有一个年幼的儿子，但是董老师每天需要早起到城市的北边，放弃陪伴儿子的时间，早早地过来看着自己的班级，陪着班里45名学生。日日如此，月月如此，年年如此，董老师对班级的爱，对班级的责任感动着她。

　　乔老师承担着他们班的英语课，这天，乔老师上完课回到办公室，准备批改班里的作业，这时候董老师拿着班级名单过来了："乔老师，你下节有课吗?""没有,怎么了董老师?""我想跟你简单说下咱们班学生一些基本情况,方便你更快了解学生,有助于教学。三年级刚刚开始学英语,是打基础的关键时期,可不能落下。我是去年带的这个班,跟你比起来还是比较了解他们的。"董老师说道。"那当然好啊,我正需要呢。"乔老师回答道。说完,她们两人根据学生名单讨论了起来。"侯雨甜同学学习习惯不错,上课纪律也比较好……"董老师把每个学生从成绩、学习习惯、纪律、卫生、家庭生活等方面全面又详细地跟乔老师交流了一遍。她说完,乔老师很诧异,每个学生董老师都了解得很透彻,仿佛班里的每个孩子是自己的一样,比家长诉说的孩子信息还要详细,乔老师真是又感动又崇拜,心里暗暗决心今后也要向董老师学习。

一天早晨,准备起床,微信"叮"的一声响了,内容是:"各位家长早上好,今天有小雨,路面湿滑,送孩子早行动,注意道路安全。"原来是董老师在微信群发的群通知。这样的温馨提示董老师不知道发多少回了。"天气燥热,嘱咐家长提醒孩子一定不要忘记拿水壶,让孩子多喝水。""明早有雾,家长早出门送孩子,路上注意安全。""最近天气降温,孩子们要及时增添衣物,预防感冒。""最近,感冒发烧的孩子较多,请家长做好预防工作,监督孩子多吃水果蔬菜。"不要说学生和家长了,乔老师在微信群中看见这样的信息也会觉得暖暖的,董老师对学生如妈妈般的关怀和爱让她感动。

一日,她找了董老师,班里几名孩子单词背诵起来有困难,想跟董老师商议下这几个孩子的学习计划。只见董老师正在用折纸折东西。"弄什么呀,董老师?"乔老师问道。"最近课堂需要教孩子们用折纸做一朵小花,我提前练习一下。"她说完我才注意到,董老师的办公桌上面有着大大小小的纸花,原来董老师已经练习折了很多纸花。董老师对待教学如此认真负责!知道乔老师的来意后,董老师立马放下手里的折纸与她认真商讨如何帮助那几名学生背诵单词。过了几天,大班空上完课回来,听见办公室有背单词的声音,走进办公室一看,原来是董老师!她在让那几个背单词有困难的孩子利用课间时间慢慢背诵英语单词。那几名学生背完走后，董老师说："我是他们班主任，咱们一块儿帮助孩子们，希望他们不掉队。"听了董老师的话，乔老师被深深感动了，董老师关心班里的每个孩子，关心每个孩子的每门功课，对自己的教学更是认真负责！

生命的意义在于爱。董老师的爱与责任给了她一个答案，那就是，怎样做才算是一位合格的老师。

第一面锦旗

鲁晓佩是同事和孩子们心中的优秀教师。那教师的初心和使命是什么呢？从她的教育故事里体现得淋漓尽致。

2018年9月1日，新学期开学第一天，她用了一上午的时间，记住孩子们的姓名和长相，可第二排靠墙角位置一双躲闪的眼睛却不时浮现出来。那时她想，一定是因为孩子内向，不适应新环境吧，强迫自己压下了内心的不适。

结束了"荒乱"的开学第一天，下班途中，她接到一个电话，是小宇父亲打来的，他说孩子母亲患有精神疾病，几年前二人已离婚，为了生活，他每天天不亮就出发，然后披星戴月回家，跟孩子的交流几乎为零，孩子跟随祖父母生活，性格极度孤僻，甚至被人怀疑遗传了母亲的精神疾病，希望老师能对他多多照顾。

鲁老师瞬间想到了墙角那双躲闪的眼睛。他总是低着头，睫毛常常一颤一颤，课间活动也不和同桌说话，双手总是绞在一起，非常没有安全感。鲁老师想首先要让他抬起头来。

机会来啦！开学第一周军训，教官教给大家站军姿，小宇节奏感不好，齐步走总是踩不到点上，为了不耽误大家训练，鲁老师把他叫出来亲自教他，做错了就一再鼓励，做对了就让大家一起观看，然后鼓掌……休息的时候，别的孩子就像撒欢的小马驹一样，可小宇却躺在了离老师不远的草坪上，看着天空，也偷偷看看老师。老师召集同学们一起拍照，孩子们像归巢的小鸟一般涌来，可他犹豫一下，翻个身，继续躺着。直到军训最后一天，他才装作不情愿地走过来，抬起头来，对着镜头露出一丝笑容。

真正的学习生活开始了，老师发现这个父亲口中"学习一塌糊涂"的孩子居然写得一手漂亮的字，每天老师都会在他的读书笔记上或其他书写规范的作业上留下一枚鲜红的小印章，等着他按照班级约定，拿五个小印章换取贴在光荣榜上的一面小红旗。老师帮他计算着，一面、两面……可他始终没来。虽然小宇上课不曾举手发言，表达也很吃力，但老师从未放弃对他的提问，同学们的掌声也由老师的提议变成自发主动的。期末考试前，他抱来一堆本子，上面印满了小印章，他找老师换了一排小红旗，家长会上也得到了老师奖励给他的一件奖品。他终于开怀地笑了。

有一天，班长慌慌张张跑到办公室，喊道："老师，小宇和别人打闹，把安全指示灯碰碎了！"这种情况下，相比担心加生气，老师反而有丝窃喜，这小子居然能跟别人打闹起来了，变化不小。确认了孩子没事，老师严肃地召开了班会，班级里静得出奇。但鲁老师话锋一转，问孩子们有没有发现小宇的变化，大家畅所欲言，而作为"肇事者"的小宇也再次抬起头来寻找"点评"他的小伙伴。

一年的时间倏忽而逝，鲁老师的孩子们升上了五年级，在他们的共同努力下，现在的小宇上课虽然仍然不会举手，但是偶尔脱口而出的答案告诉老师他在认真听讲；写的作文语句虽简单，但通顺且初具个人风格，再也不是之前的"摩斯密码"；语文成绩由以前的30多分，到现在稳定在70分；下课能和同学们玩游戏；在学校吃午饭的时候给老师和同学主动盛汤；各科老师都反映孩子有进步……

2019年9月23日，这是一个难忘的日子。早读还未结束，小宇的家人突然造访，家长手里是一面鲜红的锦旗，写着"以身作则，教学有方"，这是鲁老师收到的第一面锦旗。孩子爷爷激动地告诉老师，是学校改变了小宇，是鲁老师改变了小宇，而且前不久小宇姨姥姥过80大寿，孩子在饭桌上的祝词让全家人对他刮目相看。彼时彼刻，每次放学孩子家长来接孩子时热切的眼神、感激的话语、握手时手掌传来的温度都像是一帧帧画面，连接起来组成眼前这面锦旗。可是老师一点儿也不惊讶，好像提前就知道小宇会有这样的转变。老师希望的不就是这样的结果吗？

其实，每位老师头顶上都高悬着一面锦旗，"教书育人""为人师表""春风化雨"，可这些赞语的背后，永远是一颗为学生奉献的心。什么是好老师？好老师不仅仅是楷模、专家、典范，一位眼里有学生、嘴里念学生、心中装学生的老师才是好老师。而一位老师的初心和使命应该是：一方校园，三尺讲台，爱岗敬业，为人师表，成为更多孩子人生中的引路人。

最近，鲁老师又发现了小宇的秘密，他爱上了画战争连环画，里面展示了中国抗日战争时期那些动人的画面，简单的钢笔线条却也别有一番风味。第一本已完结，鲁老师也已经看完了，并且还预约了第二本的首次欣赏权。期待并相信小宇在鲁老师的引领下有更大的进步，创造更多的奇迹……

最美赶路人

下午5点45分，孙老师收拾了一大堆试卷和笔记本一股脑地装进了一个大食品袋里，右手拎包，左手提袋，走出办公楼。这个时间，早就下班了。但是迎面而来的，是一个个同事，都是有课后服务的老师。老师们相互点头，擦肩而过。孙老师走路一向是很快的，多数老师的步伐都是如此，穿梭着越过前面一个个悠悠的路人，匆匆忙忙，如同在追赶着什么。在教育这条路上，她刚刚起步，却已在聊城五中见识到了不同的风景。

没有爱，就没有教育。班里的孩子又犯错了，下课玩闹碰掉了黑板的支架，处理完这件事的孙老师余怒未消，回到办公室，却被对面平和温柔的声音吸引了，是乔红霞老师的声音。细细听来，原来是孩子在科学课上不认真听课，甚至随意讲话，被老师叫到了班主任办公室。按说被任课老师送到班主任这里的，那一定犯错不轻，可是从学生一进门，乔红霞老师话语间的平和却从未改变："科学课多么神奇有趣，能学到许多知识，可是你在课堂上不遵守课堂纪律，错过了这些可贵的知识，多可惜啊，孩子！"没有斥责，没有呵斥，而是告诉他知识可贵，错过可惜，让这位刚开始还不以为然的同学羞愧地低下了头，认认真真地承认了自己的错误。孙老师坐在位置上，回想起自己刚才的"怒发冲冠"，不禁惭愧地笑了笑。

可是对于活泼顽皮的孩子们，疾言厉色尚且不能让他们长个记性，这样不痛不痒真的有用吗？一次闲谈，孙老师实在忍不住了，问出了藏在心底的问题："为什么面对孩子们，大大小小的事情，从来没有见过你发火？"乔红霞老师一听就笑了："不能总想着一次就把孩子不好的地方纠正过来，毕竟他还是个孩子啊，怎么可能一次就不犯了？别着急，你对他的每一次关注对他都有影响。"轻轻几句话，让孙老师茅塞顿开，因为班级琐事而纷乱的心一下子就安定了下来。是啊，改变不是说来就来，教育是细水长流的事业，温柔是最强大的力量！坚守初心，方得始终。这是乔红霞老师教学有方的体现，也是多少次深夜回想，深受触动，久久反思的良方。

坚其志，苦其心，劳其力，事无大小，必有所成。当用心去浇灌孩子这个花朵，花朵盛开之时，芳香必然扑鼻。乔老师一次笑谈说："我们班的孟信德，特别调皮，但是也奇了怪了，就听我的话，上语文课别提有多认真了。""还有我们班的……"在这样的你一言我一语里，是为人师的骄傲和成就。这样的事例听起来总是让人格外舒心，一个调皮的孩子却总是特别听某个老师的话，其实现在想想，不奇怪，有这样用心对待孩子的老师，又怎么会得不到孩子的"偏心"呢？

教育是一份良心职业，身边的同事们也在不断地身体力行地证明着这点。漆黑的校园里，总有那么几盏亮着的灯——是在完成这一期的黑板报，是在和家长讨论孩子的近况，是在商讨最近的教学计划，是在批改学生的作业。大家总是打趣，身处一个办公室里的同事们，要想同时见到，那可真是太难了，因为他们不是在教室里，就是奔走在去教室的路上。

岁月匆匆，我们身上都会留有时代的痕迹，而老师的言谈举止、内在涵养，那种自然流露出来的气质，将会给学生以美的熏陶，无疑也潜移默化地影响着每个学生的品格和精神。都说"良师难遇"，在孩子成长的关键时期，能遇见一位温柔有力量、有精神追求的老师，是一种美的体验，也是一份美的礼物。

守初心，担使命，这不是一句空话。作为教师，我们应该守住那一份热爱，珍惜每一份成就，在孩子的人生道路上，在教育这条良心道路上，匆匆前行，不悔初衷！

特殊的礼物

母亲节快到了，房老师动员班里的孩子手工制作一件礼物送给自己的妈妈。

大班空孩子们纷纷拿出了自己的作品，迫不及待地等待展示，有贺卡，也有自己的绘画，还有剪纸，各种各样。房老师甚是激动，没想到孩子们都这么用心，再仔细一看，用各种方式写给妈妈的祝福语，更是欢喜，大加赞扬了一番。此时，坐在教室前排的沫沫引起了老师的注意，只见他趴在桌子上，噘着小嘴，很伤心无奈的样子。老师走近他，正要问个究竟的时候，他却表现得更加紧张起来，老师猜他可能忘记了做礼物而伤心抑或是怕老师批评他。为了不让他难过，房老师随意地说了句："今天没有完成手工的同学，课下可以再做，争取明天送给妈妈。"房老师以为这些话会及时地安慰他，没想到此时他站了起来，并大声喊道："我没有妈妈！根本就不用做什么手工。"教室里顿时鸦雀无声，大家被这突如其来的声音惊住了。怎么办？老师怎么就忘了这个从小跟爸爸长大的孩子了呢？该怎么收场？此时，教室里胆子大一些的孩子开始乱了起来，小脑袋聚在一起叽叽喳喳。也许在猜测他为什么没有妈妈，也许在猜测老师会怎么批评这个今天课堂上大喊大叫的男孩，胆子小的孩子静静地看着老师。房老师忽然想到了每天接送他上下学的奶奶，灵机一动说道："孩子，你送给奶奶也是一样的。"

"我不！"老师的话音还没有落，又是一声大喊，比前一句分贝还要高。

"都说老师像妈妈，你把礼物送给老师吧。"为了不尴尬，房老师半开玩笑地说道。但是当时心里酸酸的，没有勇气责备这个孩子，也许老师觉得自己今天的表现的确有些不妥，此时没有再大喊，只是把头埋得更低了。上课铃响了，刚要走出教室，他忽然喊道："房老师！"这次声音是真诚的，有礼貌的。房老师停下脚步回过头来，只见他把手放到了书桌里面，小心翼翼地拿出了一个精心制作的手工心形棒棒糖："送给你。"说完，他塞到房老师的手里，只见他红着小脸，甚是可爱。老师还没来得及说谢谢，他便急匆匆地跑出了教室。

手里拿着这特殊的礼物，房老师百感交集。"棒棒糖"的中间歪歪扭扭地写着："祝妈妈节日快乐！"原来，他早就准备好了礼物，只是不知道妈妈在哪里？不知道要送给谁？房老师带着沉甸甸的心情走出教室。同时，也体会到了作为一名老师那种沉甸甸的责任。

爱是最好的教育

八年级五班有一位小男孩儿叫邱宇航，对学习没有一点儿兴趣，上课要么找同学的麻烦，打人家一下，碰人家一下，要么忽然就情绪低落，趴在桌子上睡大觉。下课了，又把教室弄得乌烟瘴气。同学们对他躲之不及，也有个别同学拿他取笑。他更是一副自我放弃的态度。考试的时候，别人都在奋笔疾书，他却在那里无所事事，任凭老师怎样提醒，就是不动笔。铃声一响，交上一张空白卷。平时就更不必说了，上课不听，作业不做。一次次苦口婆心的劝说，严厉中肯的批评，都被他一副无所谓的神情给挡回来。一次次苦心策划的转化计划均以失败告终。这不，上次月考他竟然考出来个位数的成绩。放弃吗？放弃不就等于宣判这个孩子"不可救药"了吗？雷老师想起学校的育人理念："以父母之心做教育"，绝不能让任何一个孩子掉队。于是，她结合前不久学习的"成功教育"，觉得还是要从培养孩子的自尊心做起。她制订了一整套针对这个孩子的教育计划。首先，在生活上去关心他。老师利用周末时间去他家家访，了解到他是在单亲家庭中长大的，爸爸由于工作忙疏于对他管教，平时犯了错对他非打即骂，这个孩子身上所有的表现都是因为长期以来缺少爱造成的。于是他生病时，雷老师给他买药，提醒他按时吃药。同时，还提醒同学们关心、照顾他，使他处处感到来自老师和同学们的信赖、温暖。其次，在培养他的学习兴趣上下功夫。

　　雷老师千方百计地创设机会，哪怕是微小的进步，就及时给予表扬、激励。邱宇航也逐渐明白了做人的道理，明确了学习的目标，看到了自身的力量，获得了成功的喜悦。有人说："使人前进最大的一种刺激物，是一种成功的感觉。无论事情大小，只要他品尝到一点成功的快乐，便会渴望再次成功的光荣。"两个星期下来，终于看到他有好转的迹象了：学习兴趣浓一点了，纪律好一点了，作业书写进步了……总之，爱心＋细心＋耐心，尽管与其他同学还相差很远，但这"孺子"居然可教了，在这次期中考试中居然考试及格了。

　　研究学生是教育取得成功的必要条件，最好的途径是细心观察，真情投入，营造温馨和谐的氛围。这样，学生才能亲其师而信其道。而研究学生的前提是爱他们，抛开表层的外衣，走到每个孩子心灵的深处，你会发现每个有问题的孩子都有一颗受伤的心灵。他们就像折翼的天使，显得那样无助，太多的困苦让他们失去了努力的信心。爱可以让干涸的心田重新焕发出生命的光彩。"以父母之心做教育"，只要每个老师能够以爱心、细心、耐心去面对工作和面对学生，就"没有过不去的关"，老师对他们不仅应施以爱心、施以细心，更应施以耐心。"谁爱孩子，孩子就会爱他，只有用爱才能教育好孩子。"作为老师，要善于亲近孩子，体贴和关心孩子，和孩子进行亲密的思想交流，让他们真正感受到老师对他们的亲近和爱。这是一位老师顺利开展教育教学工作的基础。

宽容，无声的教育

很多人说教师是一份苦差事。确实，做一个老师挺苦挺累的，做一个好老师就更不容易了，但是，既然选择了这份光荣的职业，就要做好默默奉献的准备。沈老师若有所思地讲述着她的教育故事。

她第一次走进四年级教室时，同学们脸上那种泄气的表情历历在目。她想，绝不能让这群孩子认为年轻老师"好欺负"，就可以肆无忌惮。那些给年轻老师恶作剧的桥段绝不能在这里上演。俗话说："不是东风压倒西风，就是西风压倒东风。"沈老师要"立威"。于是，她开始反思自己，要用适合的教育方式感化他们。

班里有一个学生叫王伟，非常聪明，每次考试成绩也不算差，但是上课总是爱走神，有时候还会打扰周围的同学。刚开始有学生反应老师还不相信，但是后来观察了几次，他的小动作真的很多，有时候感觉他好像在听课，其实他的思绪早已经飞出窗外了。老师约王伟家长每周进行一次定时沟通，在沟通的过程中发现，家长对这个孩子的关注度不够，主要关注的对象都在他弟弟身上，这个孩子之所以这样做，就是为了引起家长的关注。

所谓"不患寡而患不均"。在家长那里可能认为手心手背都是肉，大的应该让小的，所有的事情都不是事，忽略了对孩子的关爱，孩子却把这些郁结的问题带到课堂上来，形成阻碍孩子成长的重大问题。所以想要改变孩子的习惯，首先要转变家长的意识。

沈老师在教育的过程中逐渐认识到，想要教育好一个孩子，与家长形成合力是多么重要！所以，就和王伟的家长商量，只要这个孩子有一点点进步就及时表扬鼓励，也让家长在家里给孩子实行这个方法，经过一段时间和家长的配合，孩子的表现明显有了进步。

其实，每一个孩子都是可爱的，虽然他们有的可能学习成绩有些差强人意，但却是学校运动会上的冠军，是劳动中的能手，是主动送生病同学回家的热心人，谁能说他不是个好孩子呢？

讲到这里，她想起一个故事。古代有位老禅师，一天晚上看见墙角边有一把椅子，肯定是哪个小和尚违犯寺规越墙出去溜达了。老禅师也不声张，走到墙边，移开椅子，就地而蹲。少顷，果真有一小和尚翻墙，黑暗中踩着老禅师的背脊跳进了院子。当他发觉刚才踏的不是椅子，而是自己的师父时，惊慌失措，张口结舌。但师父并没有厉声责备他，只是以平静的语调说："夜深天凉，快去多穿一件衣服。"

故事深深地打动了她，孩子们对老师是宽容的，只要你对他们付出爱心，那么，你曾经对他们的冷言冷语、暴跳如雷，他们都可以原谅。就像故事中的那位老禅师，就体现出宽容是一种无声的教育。有人说过这样一句话："老师不经意的一句话，可能会创造一个奇迹；老师不经意的一个眼神，也许会扼杀一个人才。"老师习以为常的行为，对学生终生的发展也许会产生不可估量的影响。做一名老师应该经常回顾自己以往的教育历程，反思一下：我造就了多少个遗憾，刺伤了多少颗童心，遗忘了多少个不该遗忘的角落！随着年龄的增长，我们深深地明白学生是有差异存在的，这是客观事实，作为一名老师，我们一生要影响很多的学生，课堂上，老师的每一个眼神和表情都可以影响学生的情绪。

记得有一个寒冷的冬天，规定是早上七点四十分准时到校，一个学生慢吞吞地八点才到，本来想惩罚他站在外面早读，但是因为天气太冷，路上都结了冰，所以不忍心看着他挨冻，想着孩子也不容易，就让他回教室了。

后来经过和家长的沟通发现，迟到也不全是这个学生的因素，因为他有一个妹妹在我们学校的幼儿园上学，家长为了省时间想一起送他们来上学，但是小学和幼儿园的时间又不一致，所以每次这个学生可能都要晚一点。经过了解，以及和家长沟通，提示家长尽量早一点按照哥哥的时间到校。第二天一大早，这个学生真的提前到校了，令老师意外的是，在老师的办公桌上发现了一个热乎乎的鸡蛋，孩子下课跑来让老师快点吃掉，当着孩子的面没好意思，就说等会吃，结果孩子的举动让她很感动，他剥开鸡蛋说："老师，你快吃呀，不然一会儿就凉了。"沈老师瞬间感到一股暖流涌上心头。

孩子是善良的，是有感恩之心的。所以，宽容有时候比严厉更有效果，这是老师们自己总结出来的经验。

面对眼前同样充满好奇，天真烂漫的孩子们，老师们要珍惜，更要努力让每一个孩子的心中充满阳光，让每一个孩子在爱的包围下快乐成长。

身边的美好

先说说他吧。他身材适中，精神饱满，目光睿智。在教育管理中，数年如一日，勤勤恳恳地工作，孜孜不倦地育人，做事踏踏实实，卓有成效，他就是张正全主任。丁老师让我们通过三个镜头来了解他。

镜头一

清楚记得那个寒冷的周二早晨，那天正好是元旦，丁老师刚走进教学楼一楼，看见一个小男孩儿在走廊里哭。老师走近他，还没等问他原因，先是闻到了一股难闻的气味。这时候，就见张主任急匆匆地跑来，他先是安慰孩子，别怕，没事的。又用毛巾给孩子洗了手和脸，接着推来了自行车，把孩子小心地扶上自行车，带着这个孩子走了。事后，丁老师得知那个孩子病了，把大便拉到了棉裤里，是张老师和家长取得联系之后，亲自送孩子回家。他对每一个学生都非常友好，特别是对待成绩不好的学生，他能用爱心、耐心、信心感化他们，使其感到班集体的温暖。

镜头二

2018年8月26日，丁老师休完产假回学校上班，张主任问："丁老师，学校的安全轮流值班，你能正常参与吗？"丁老师当时犹豫了一下说："能。"

心想，哪有主任安排工作还来征求老师的同意？张主任应该完全不用征得老师同意，正常排班的。当天晚上，在学校微信群里看到了值班安排表，丁老师看到自己一周两次值班（早晨、中午各一次），其他老师都是一周四次（早晨、中午各两次）。她第二天还专门去向张主任核实，他只说："你孩子小，中途又要回家喂奶，也够辛苦的，学校理应照顾。"丁老师被感动了，当时心中满满的暖意，满满的感激，也更激发了她做一个好老师的信心和决心。

镜头三

一日大课间，丁老师去张主任办公室交三年级组的手抄报。见办公桌上摆的是还没批改完的学生作业本，而他还忙着在做课件。就顺便问了一句："张主任，这么认真，是不是又要参加课件比赛？""不是。这是下星期一全校主题班会的内容，我先做成课件，再发给班主任，也为他们节约点时间。"他还经常主动帮助新班主任整理各阶段、各时期的班级管理要点。

作为政教主任，张老师具体负责学校的安全、德育、卫生，同时担任两个班级的数学教学工作，每次学校例会、级部会、班主任会，他总是细心讲解班级管理中的每个细节，带领老师们落实学校"谁主管，谁负责，谁在岗，谁负责"的要求。学校对于他来说就是自己的家，由于工作多，人手少，常常加班到深夜，但第二天还是满怀激情地投入到工作中，他给师生的印象总是精神振奋，积极向上，老师们被他这种精气神深深地感动着。

温　暖

　　这个冬天格外的冷。窗外寒风猛烈地刮着，即使有阳光照耀，李老师依旧被冻得瑟瑟发抖。她把车子停到车位，缩着身子往教学楼走去。前边有两个小女生有说有笑地走着。她听见一个小女生非常懊恼地说："唉，我为什么没有听妈妈的话，忘记带外套了，但是，如果再返回就迟到了，我只能咬咬牙当作在海边吹风了。"老师正想过去给她送去温暖，这时，她旁边的小姑娘，乌黑的头发，双眼皮，脸上有一颗活泼的黑痣，扎着一个可爱的马尾。她见小女生特别冷，就关心地问："你没事吧？"小女生回答："没事，只是有点冷。"就在这时，李老师看见扎马尾辫的小姑娘把那个小女生的手握在了自己的手里，并暖心地帮小女生揉搓着，抬起清澈纯真的眼睛问："还冷吗？"

　　看到这一幕，李老师会心地笑了。即使寒风吹得她瑟瑟发抖，但她却也感到了一阵温暖。这一幕非常的平凡，却打动了李老师的心。老师被小女孩之间纯真的友谊所感动。由此，她突然想到了自己和学生们之间的友谊，平凡却也感人。

　　上周四，李老师拖着沉重的身体走进教室，发烧使她的身体异常难受，嗓子沙哑，但她依旧像平常一样来到教室。"同学们好！上课！"教室异常安静，这让她很是惊奇，心想：同学们今天怎么了？怎么变得这么听话？

　　如果是平常肯定还有几个人静不下来，因为身体异常难受，也没有过多地思考。等到下课铃想起的那一刻，八班的同学蜂拥而来，睁大眼睛问："老师，你感冒了，吃药了吗？"一双双纯真无邪的眼睛充满了对老师的关心。最前排的一位学生温柔地说："老师，我帮你把书送到办公室吧！"这一刻，李老师的心好暖，有一种想哭的冲动，原来孩子们这么关心他们的老师，她突然觉得自己之前所有的付出都是值得的。他们用自己平凡的行动感动着老师，让老师觉得异常温暖。他们就像寒冬中的暖阳，温暖着老师难受的身体，亦温暖着老师的心……

小女生上楼的脚步声打断了她的思绪。不管是小女生温暖的一个举动，抑或是学生们一声简短的问候，都是平凡生活中不平凡的举动，他们都用自己的善良给予身边的人温暖。赠人玫瑰，手留余香。相信他们在用平凡行动温暖别人的同时，自己也会收获无限幸福。

爱，体现在生活中的点点滴滴，温暖亦在我们每个人身边。只要人人都献出一点爱，世界将变成美好的人间。

善人者，人亦善之

林老师是初一（1）班的班主任，她和班级孩子的感人故事被全区教育系统传为佳话。

9月中旬，班里转来一个16岁的男孩子。听到这个消息，她感到十分惊讶。16岁的孩子居然才上初一？后来了解到这个孩子家庭十分贫困，母亲一个人靠拾荒照顾三个儿子和年岁已高的姥姥。看到孩子的手，林老师的心更加难以平静。那双手粗糙得像树根一样，由于从小劳作导致手指关节粗大，皮肤黝黑，指纹里、指甲缝里藏着似乎已经洗不去的黑泥。

随着他的到来，教室里的空气中弥漫着一股让人不舒服的味道，同学们颇有微词。终于，林老师也忍不住了，委婉地建议他妈妈提醒他勤洗澡。他妈妈说，他倒是也洗澡，身上味重可能是因为前两天让他打扫了旱厕，没有冲水设备的厕所不能及时清掏，因此有股臭味儿。林老师再次震惊，也更加同情这个孩子。

随着天气越来越冷，他身上散发的味道越来越浓烈。也许是因为家庭条件不允许，他没有办法洗澡，没有办法换上干净的衣服吧。班里很多孩子都不愿意跟他玩儿。后来，有人告诉老师，他放学之后哭了，林老师便把他叫出来谈心。他问老师："老师，为什么我觉得脏衣服比较好穿？"老师十分不解："好穿是什么意思？"他解释道："就是感觉脏衣服穿着舒服，穿干净的衣服就浑身难受。"老师不知该如何回答他所提出的"脏衣服好穿"这个问题，只能告诉他："也许是你经常穿脏衣服习惯了，所以觉得好穿，你若是经常洗衣服，以后就会觉得干净衣服更好穿。讲卫生是一个学生要做到的最基本的日常行为规范。"他若有所思地点了点头。

大班空时，林老师安排他在教室外走廊里值日。趁这个机会，林老师在班里和孩子们说了他家里的一些情况。大概就是和孩子们说他家里比较贫困，母亲一人打工，照顾三个孩子和姥姥，家里的条件不能让他在寒冷的冬天洗上热水澡，他也没有换洗的衣服和鞋子，希望大家能够体谅他、包容他、理解他。如果家里有不穿的衣服和鞋子，可以带来交给老师，老师再转交给他，不要让他敏感、自卑的心再受到伤害。

从此，班里发生了变化。

班里很多孩子自发捐钱，让他去洗热水澡。班长把捐款箱送到了老师那里，这些钱足够他洗一年的了。班里有一个心地善良的孩子说，他知道哪有澡堂，自告奋勇地带他去了。

周末，一位学生家长给老师发微信，问他穿多大码的鞋子和衣服，说是女儿回家说了他的情况，想要帮帮他。看到消息之后，林老师心里感觉暖暖的。

周一早上，刚一进教室，班里一个孩子就跑过来递给老师一个袋子，她愣了一下后忽然明白，对孩子说了声谢谢。周末联系林老师的那个家长专门来到学校，把衣服和鞋子交给老师后，匆匆赶去上班了。打开袋子一看，衣服和鞋子都是新的！应该是这个有爱心的家长专门为他买的。第二天，班里又有一个孩子也带来了衣服。

这些天，全班师生的心被爱和感动充盈着。这些爱心像是冬天暗夜里一簇簇小小的火苗，也许无法融化整个冬天，但它像那冬日暖阳，让人心感温暖。善人者，人亦善之。愿我们的学生能够永远心存感恩，满怀善意地对待身边的每一个人；也愿我们的每一个学生都能感受到社会大家庭的温暖，生活在爱与被爱的暖暖幸福之中！

身边的故事

生命的成长，有时是波涛暗涌的。谁知道平静的表面下会发生怎样的故事？我们在别人的故事里是看客，而我们自己的故事常常认为是事故。这就是生活。因为职业的原因，要与人打交道，就会主动或被动地参与到很多故事中。

镜头一

一位母亲，头发已花白。站在教室门口要找张倩老师。高学静主任怕她打扰张老师上课，问她有何事，可否转达。她说想给女儿交钱。她说想把钱交给张老师，然后让张老师告诉她的女儿：是张老师替她交的钱。她为什么要这样做呢？这是高主任想要解开的一个谜。我们猜想，也许是孩子太过娇惯，不知道珍惜；也许是家庭的原因，不愿意让人知道。但无论哪种原因，对于一个孩子来说，这种方式可能都不是最好的选择。高主任说出了自己的想法。她说，这种做法，会给孩子在心理上造成不好的影响呢，不要让孩子背负任何心理的负担。换位思考，如果您是女儿，会因此而感到沉重。这位母亲改变了主意。

反思：大人负重前行，是责任。没必要把生活的苦难过早地带给孩子。我们要做的是尽量保护好孩子，给他们减轻生活和精神的负担。

镜头二

昊天同学，是一个挺开朗的男孩，就是上课学习吃力。有一天，他妈妈给他老师发信息说，昊天最近闹情绪，请老师多关注一下。原因是他父亲给他买了一部手机，让他继父给摔了。

昊天的妈妈开吊车，经常在朋友圈里看到她发的动态。有一次，她在朋友圈里发了一个动态图，晒的是吊车里的场景。高主任被她那句话逗乐了：硬件不够软件凑。确实，她的吊车里被她收拾得特别干净整洁。有粉红色卡通壁纸、杯子等生活用品，摆放得井井有条。高主任让昊天妈妈拍下来，说要收藏一下。昊天妈妈就这么拍那么拍，能感觉到她的兴奋。再回来看昊天，真是感觉到他的不容易。生活在母亲再婚的家庭，他依然很开心，没有表现出丝毫的阴郁。

偶然一次早晨，老师和他一起上教学楼，他走到楼梯口说要去整理一下书橱。老师顺手把他拍了下来。他感觉有些不好意思，说第一次被拍感觉怪怪的。后来听班主任郭老师说，他每天都整理书橱，还把这件事在班里做了分享。再后来，高主任看到小学部的王老师又拍到他整理书橱的动态图，发在了班级群里，以示表扬。

在老师们一次次的鼓励表扬中，昊天变了，变得更加乐于助人，阳光自信。

反思：每个孩子都有闪光点，他们的美好感染着我们，也教育着我们。不可用一把尺子衡量学生，昊天同学就给了我们一个很好的启示。不管生活多么艰辛，我们都要乐观向上，充满阳光。所以说，教育之所以让人爱，是因为这里有人与人之间的温暖和感动。我们在做教育，我们也在集聚一种向上的能量。

镜头三

孙文栋在作业本上写下这样一段话："老师，你为什么把我'踢'出阅读群？你这是把我放弃了吗？请你回答我，谢谢！"天！这是怎么回事？老师周末建了一个早读朗读群，他每次都很积极地参加，老师高兴还来不及呢，怎能把他"踢"出去呢？可这孙文栋被"踢"出群到底是怎么回事呢？真是很诡异！老师是冤枉的！肯定有内情。很想马上就去跟他解释，但孩子在上第四节课呢！于是，中午饭后，老师就在他们吃完饭必经的小道上等孩子们。是的，等"孩子们"！不止孙文栋，还有八（3）班的同学们，高老师想让孙文栋同学明白老师的一片苦心。终于看到三班同学出来啦！高老师大声说道："孙文栋同学，我错啦，我没有第一时间看到你的留言，另外我是冤枉的。"同学们被老师逗笑了，老师看到孙文栋同学羞涩的笑容和一脸的轻松！下午自习课，老师又在班里狠狠地表扬了一番孙文栋：比老师厉害，做事毫不含糊，会沟通。再看他的神情，很开心的样子。还有后续，第二天老师又看到了孙文栋写在"五个一"作业本上的真心话："原来，老师不是放弃我，我心里的一块石头终于落地了！"

反思：心与心需要用语言文字做沟通的桥梁，孙文栋同学能够利用这种办法及时和老师沟通，解决学习生活中出现的问题。

高学静是教务主任，具体负责学校的教学工作，同时还担任两个班的语文教学工作。她以自己的业务专长引领着全体教师整体教学质量的提升。作为一名优秀的语文老师，她用自己的言传身教感染、鼓励着孩子们快乐前行。

这些故事虽小，但是却一点一点唤醒我们对生命的觉悟。生活每天都在继续，发生的故事各有不同。碾碎时光，酿成值得回味的故事，继续讲给大家听。

感动，原来就在身边

　　刚开学不久，赵老师嗓子发炎，但她还是强忍着疼痛给学生讲课。有一天，在初一（3）班上课，学生感觉出老师嗓子不适，很多学生就说："老师您少说话，多喝点水。""老师嗓子疼，都好好听课，别扰乱课堂纪律。"他们虽然只有十二岁，却像小大人一样，知道关心老师，让人感觉心里特别温暖。尤其是平时上课经常捣乱的学生，这节课也都端正地坐着，认真地听着。而且，第二天上课的时候，张培昊同学还给老师带来了金嗓子喉宝，并主动上前给老师，问老师好些了吗？老师这么一点小事，学生一直还记得，顿时被学生的关心感动了！所以，在上课前，她对全班学生说："谢谢同学们对老师的关心，老师非常感动！以前因为一些同学不好好听课，老师训斥大家，伤了同学们的心，老师向大家道歉。其实，每个学生都有自己的闪光点，老师也不能仅凭成绩好坏来评价你们，通过这件事，老师也重新认识了大家，虽然有些同学暂时成绩不是很好，但是老师相信你们，只要好好学，付出努力，就一定会赶上来的！希望我们化干戈为玉帛，一起加油！好不好？"同学们像打了鸡血一样，齐声呼喊"好"。在后来的课堂上，同学们表现得都非常棒，三班的成绩也一直名列前茅。通过这件事，赵老师深刻地认识到每个学生都有可爱的一面，请不要吝啬你的赞美之词，希望得到别人的表扬是每个孩子的天性，也不要掩饰你的真情实感，也许不经意的一句话，学生就会被你感动，进而改善紧张的师生关系，从而激起更浓厚的学习兴趣，并以此为动力，发愤图强，努力成为你所期望的人。

另外一件事发生在初一（2）班。有一个叫王平的孩子，平时不爱说话，很内向，学习成绩也不好。赵老师当时刚接触他并不知道他是个什么样的孩子，就像对其他学生一样让他回答问题，一个很简单的问题，他竟然不回答，有些学生就说："老师，你别管他啦，他上其他课也不回答问题。"只见他低下了头，很自卑的样子，老师当时的感觉就是这个孩子好可怜，不能就这么放弃他。于是把这个问题又讲了一遍，然后又提问他，他很小声地回答上来了，赵老师为他鼓掌，全班同学也都跟着鼓掌，老师借机对大家说："王平同学很聪明，他只是不愿意说话而已，而且他只要好好听课，这些问题都能学会。"下课后，赵老师和他的班主任进行了沟通，知道了他不愿回答问题的原因是他说话比较慢，同学经常笑话他，导致他越来越自卑，甚至不敢正常说话，成绩也越来越差。第二天上课时，赵老师又提问他一些简单的问题，并让全班同学安静下来，给他足够的时间。慢慢地，他开始上课不再总低着头，也跟着说话了，而且总感觉他用一种期望的眼神在看着老师，赵老师经常在课堂上回应他，示意他很棒。后来，老师欣喜地发现他竟然举手发言了，尽管他回答的问题很浅显、很简单，尽管他的回答在其他学生眼里有些许不屑，但他能站起来，能举手发言，可见他的心里开始拥有了阳光，虽然只是斑斑点点的阳光，但老师相信，从今以后他不再是低头弯腰的孩子了，他一定是个抬头挺胸、坚强而快乐的孩子！事实证明他进步了，这次期中考试他考了75分，比全年级平均分高8分。成绩出来后，他非常兴奋地对赵老师说："谢谢老师！"赵老师被这简单的不能再简单的几个字感动了！她想这就是教育的力量吧！俗话说："一花独放不是春，万紫千红春满园。"老师不能只做"探照灯"，只把赞美的光聚集在"优等生"身上，而应该做"太阳"，使每个学生都有享受赞美之光的机会。较之"优等生"，成绩不好的学生更需要老师的赞美、鼓励，因为他们由于学习成绩不好而自卑，对外界极其敏感，看起来好像缺乏自尊心，实际上他们的内心深处渴望得到老师的理解、信任，他们十分在乎老师对他们的评价。

有句话说得好："没有一种草儿不开花，没有一个孩子不完美。"每一个学生都是一张充满个性色彩的生命画卷，就看我们如何去欣赏。作为教师，要时刻提醒自己："没有一个人是一无是处的，每个人都有自己的优点，每一个学生都有他的闪光点。"我们相信"精诚所至，金石为开"。只要我们把心思放在学生身上，用心与学生沟通，我们的付出总会有回报！

故事虽平凡，但却令人感动。回忆起教育教学中这些点点滴滴，我也从中得出了人生感悟：用爱心激发爱心，用真诚呼唤真诚！

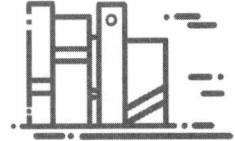

第五辑

静夜烛光

生命的觉悟和唤醒

——我从《论语》中品出什么

　　孔子收徒授教的时候，自己也没有想到吧，他的那些充满智慧，闪耀着思维和幸福的火花，被他的学生们偷偷地记下来，编纂成册，竟然在一代又一代人的耳际唇边游走，这一走，就是两千多年。这位不容于当道，被讥之为迂腐的中学教员，他的思想，却成为长江大河，浩浩荡荡，奔流不息，以至于今。王国维有一段著名论断，他说做学问有三种境界，第一种境界是，"昨夜西风凋碧树，独上高楼，望尽天涯路"；第二种境界是，"衣带渐宽终不悔，为伊消得人憔悴"；第三种境界是，"众里寻他千百度，蓦然回首，那人却在灯火阑珊处"。读书何尝不是如此。品文字之妙，味思维之趣，某一刻，忽有醍醐灌顶之悟，生命在那一刻被击中，眼前似有一扇大门洞开，见所未曾见，知所未曾知。古人云："天不生仲尼，则万古长如夜。"然也，非也？

　　翻开《论语》，更像一幅画轴。长卷之上，泛黄的纸页，模糊的字迹，却隐隐闪烁出动人心智的话语，像画外音，让人惊，让人叹。品读每一个字背后所蕴藏的哲理，静静地倾听智者的教诲，如咆哮的风声、雨声，声声入耳，扣人心扉。那位做宰相的赵普，手握一卷日日常读的神秘之书，在今天，让我明白，怎样做一个君子，其实，是明白，怎样才算明白做人呢。往小处说，"学而时习之，不亦说乎""三人行，必有我师焉""学而不思则罔，思而不学则殆""吾十有五而志于学，三十而立，四十而不惑，五十而知天命，六十而耳顺，七十而从心所欲，不逾矩"，这些指导中学生、孩子的话，它们怎么就不知不觉地成为我的座右铭，让我终生信守呢？到为人师，就更明白，所谓言传身教，其实是身教胜于言传。以身作则，这个"则"，有很大的魅力。子贡称赞孔子教人"正身以俟"，荀子颂扬孔子"早正以待"，这才让人体会到，所谓"学而不厌，诲人不倦"，其实是合二而一的道理。

"不愤不启，不悱不发，举一隅不以三隅反，则不复也。"现在不这样说了，现在叫知识迁移。举一反三，闻一知二，从而以一当十、触类旁通，还是两千年前的这个老人更聪明啊！

那位大胆的学生子路和那位胆怯的孩子冉有，提出同一个问题"闻斯行诸"时，孔子的做法让人感动。他不是简单地给出一个相同的主张，而是给出截然不同的回答。他懂得人心，他能一眼看到人的心底。他知道子路和冉有的内心需求是不一样的。还有比这更精彩的教学案例吗？所谓个性，所谓人情，所谓心理教育，都越不过"因材施教"这四个字所竖起的路标。这位两千年前的老人魅力四射啊！

"后生可畏，焉知来者之不如今也""当仁不让于师"，这是这位启蒙者的谆谆教导。这比"吾爱吾师，更爱真理"的宣示，早已高出了一个境界。在真理面前师生一律平等，生动地体现了两千年前这位智者的理性判断。所谓"爱生如子""知人善教""仁者爱人""智者知人"，所谓爱护学生，无私无隐，这不是智慧，倒更关乎人性。

《论语》中生活之真谛，精神之精髓，在于尊重实际，评人论事。孔子评价过的人很多，上自尧、舜、禹、汤、文、武、周公、伯夷、叔齐，下至春秋时期的管仲、子产等，以及他自己的弟子。孔子通过对人的评价，教育学生辨别善恶是非，为弟子们修身养性树立了理想人格的典范。孔子生活在一个动荡不安的时代，社会新闻很多。作为一个政治家，他密切注视和关心时事，随时表明自己的态度；作为一个教育家，他时刻不忘宣传自己的主张。从这些评语中可以看出他审时度势的胸怀和抱负。若从一位教师的职业判断，则是他通过实例教育学生的最好例证。理论联系实际，这种良好的学风，在孔子那里早就是驾轻就熟的绝技了。联系实际，身边人，身边事，评人评事，看得见，听得懂，关键是靠得近，人的感情拉近了，道理最容易被接受。是谁说的，"教师既要给学生干粮，还要给学生猎枪"。我们早就知道，《论语》不是一本纸写的书，而是一部有声音的书，有影像的书。它是在人的口头上游走，口口相传而流传下来的书。后人试图以有形的纸写的书去解读它，又怎么能写得尽呢？关于这部书的解读，已经延续了两千年了。印行的集、注，也印了两千年了。但是，再过两千年，这种集、注、解、释，一定还会持续下去。因为，它不是用有形的纸可以书写得尽的。两千年的滚滚长江东逝水，两千年的浪花涤荡，多少铁沉戟折，多少风流陨灭，可《论语》依旧在。不仅没有褪去哲理的光辉，反而愈加光彩熠熠。它甚至在哲学的疆域里，树起一面旗帜，开拓出一片东方人的世界。两千年前，一位中学教员不经意的口头情感思想的释放，竟然成就了这样的传奇，成就了这样一串精神密码，谁会想到呢？

我们总是觉得，《论语》啊，我们必须得仰望它，敬畏它。我们总觉得它是高深的，它是高不可及的。我们恰恰忘记了，这个世界上，真理永远都是朴素的，就好像太阳每天从东边升起一样，就好像是春天要播种、秋天要收获一样，就好像是饿了要吃饭、困了要睡觉一样。所谓真理，就是化复杂为简单，就是把深藏在地缝儿里的真金提炼出来。它熠熠发光，照耀你。论语中的道理，总是那么发自肺腑，它永远都是最简单的。

在太久远的年代里，《论语》就是一本圣贤之书。它被奉为经典的时候，就有了许多圣贤之气，被这种圣贤之气所遮，却让后人忘记了它的灵气、神气、孩子气。其实，它是一本赤子之书，真诚之书，心灵之书。我们对它的最好的态度，是像聆听邻家阿伯的人生指点和夜话人生的亲朋好友闲谈那样，有敬佩，有信任，就亲切了，自然也就能入心了。少年的"立志""学习""修养""处事"，壮年的登高、探险、坚毅，及至老年的静守、回味、深思，都会从这里获得引荐。读不懂，悟不懂，再到读得懂，悟得透。用现代的意识，现代的眼光，加进新的诠释。或者，在不知不觉中，它会内化、渗透，直到有一天，你的言行，不自觉地打上东方人的印记，你变得正直、谦逊、广博，变得与人为善，又为一份合适的事业而体验到生命的意义，那时候，《论语》已经成为你的伙伴，陪伴你走了很远很远的路。

先做读书人，才是教书人

阅读，既是一种态度，也是一种方法，更应该是一种品质。

从孩子上学的那一天起，我们就说是去读书，也说成是念书。后来产生了异变，到学校，变成了听老师教书。久而久之，连老师们自己也疑惑了，觉得职责所在，即在于讲，在于教。同学们熟悉的形式就是老师的滔滔不绝，完全忘记了学生也是有思维能力的。

似乎有一种令人忧虑的现象，就是拒绝阅读。种种调查、调研的报告，说有多少中学生不读名著，有多少大学生没读过名著，这可能有很多因素。抛开社会因素不说，在学校里，在课堂上，给阅读正名，确立阅读作为一种重要的甚至是主要的学习策略，应该是十分重要的一件事情。说阅读是一种态度，那就是要正视阅读在成长中的意义，给阅读以地位。老师教书，应该是教学生读书，教学生学会读书，教会学生读书，让学生愿意读书，这是老师的重要职责。

这就有了另外一层更重要的道理，老师首先要是一个读书人。一所学校，建它的初衷，一定是一群读书的人教孩子们去读书。这些人，他们学富五车，有思想，有见解，他们有对社会成熟的看法，他们愿意把自己的所学所思传授给学生，让学生省却人生路上很多不必要的弯路和麻烦，让学生通过学校这样一条捷径，直达学问的彼岸。这是一个再简单不过的道理。可是，不知道从什么时候开始，这个道理，它发生了异变。教师们天天忙碌的，也不是指导学生读书这样重要的事。他们忙着考试，被人考，也考别人；忙着做题，自己做也让别人做。他们做着许多被规定的与读书无关的动作。但是，唯独没有规定读书这一最重要的动作。一所学校里，教师没有读书的任务，学生也没有。有的只是与读书似乎有关，细想又无关联的事情。这才有了那句很扎心的判断，一群不读书的教师，去教一群正急需读书的学生，正急需读书的孩子，被一群不读书的教师领着，做读书之外的功课。这件事不想则罢，真静下来细想一想，是一件多么恐怖的事。这里，既有制度之弊，也有人为因素。

"书籍，是人类进步的阶梯"，这种道理，自不必多讲。对教师而言，书籍是修养，是素养，是武器，是师之为师的标志。只因有着特殊的身份，只因肩负特殊的使命，书籍更是教师须臾不能离弃的职业伴侣，读书则是教师须臾不能懈怠的功课。我经常有这样的梦想：同事们手不释卷，学校即是书店，触处皆是的书籍。每一间办公室，每一间教室，都摆满了书架。身边人的手里，教室里学生的书包中，新书总是一本接一本、一批又一批。每一次见面，每一个活动，都是与书的一次亲密接触，一次握手或者拥抱。书籍成为每个人人生旅途中的亲密伴侣，读书成为学校里每个人日常生活的重要组成部分，那该是多么美好的一幅景象。反之，没有书籍的学校，没有书籍的教室，没有书籍的书包，没有阅读的课堂，那又是何等的荒凉！

身为教师，自有一份责任，那就是让自己成为一个读书人，在自己心中播下一颗读书的种子。是哪位哲人的愿望，让天堂成为图书馆的模样。讲甘为人梯，首先要不愧为人梯。教师这架梯子，是用书籍搭起来的。现在的孩子，物质上的丰富使上学成为平常事。每一个孩子都能如愿以偿，走进学校。因为太过轻易，孩子们可能对读书这件事不清楚。稀里糊涂走进学校的孩子，一定要有一群清清楚楚的明白人带领他们，走进阅读的殿堂。教师职业的可贵，在于教师本身的修为。他们是一群有修为、有理想、有学问的人，是一群明了人生意义的人。他们从某种意义上摆脱了物质的束缚，他们自能站得更高，看得更远。如果不是这样，那就要继续读书，让自己在人生的探索中，能担当起人群的指路者，至少，是一群孩子的指路者。这个路，应是人间正道，而不是歪门邪道。只有这样，才能无愧于教师这一称号，才能当好人师，也做好老师。

抛开职业不谈，教师也应是一个阅读者。我们每天要去上课，要尽量上得不落俗套，让学生愿意听，要求新求变，这就需要在阅读教师用书和备课手册的同时，也要翻翻有关的教育杂志，看看名教师的课堂教学实录。还有上级以及学校的推介，经常接到的读书读刊交流心得的任务，让教师得以不断充实头脑。这些，可能已经成为我们的日常功课。但是，这种读书，多半流于形式，出于应付，发自教师内在需要的少，自我加压的少。

我们的问题，可以用"雾里看花"来形容。所谓"雾里看花"，就是书海茫茫，有如大雾遮障，朦胧中"花影"绰绰，隐现无常，让人捉摸不定，观望不清，凝视不深。这种现象，概括起来大致可分三种情形：其一是不知所以的"盲读"，即未曾认真反省和估价自己的学养基础，未曾清醒意识到自己知识结构中优势所在和欠缺之处，选择书籍未从自身内需出发，未曾深思熟虑，而是追风逐潮，人读亦读，或是不作利弊权衡，漫无边际，茫无目标；其二是不能沉潜的"躁读"，即读书态度浮躁，功利之心明显，价值诉求变异，鲜有积淀底蕴之意，却有哗众取宠之心，鲜有追求长效之规划，却有奢望速成之期待，往往兴起时猛读狂读，意冷时束之高阁，终究不能持之以恒，不能伴书远行；其三是不求甚解的"浅读"，即读书方式多以泛读、浏览为主，浮光掠影，浅尝辄止，细读精读的甚少，好不容易遇到和读到难得的好书、佳作，也常常只是一读而过，将其提及的新颖理念、新鲜做法、新式话语等有意无意地议论一番，便再无下文。教师读书若要读出味道、读出实效、读进心中，让书籍真正变成自我发展和自我成长的加油站，就必须谨防误入阅读的"歧途"。

　　说到底，读书才真正让人成为人。更进一步说，先做读书人，而后才有可能成为教书人，这是最基本的逻辑，而不是相反。如果作为一种职业选择，一个读书很少的人加入了这一职业，那么就更需要来一场"先结婚、后恋爱"的洗礼，沿着阅读、思考、追问之路走下去，让阅读充实自己，让阅读成就自己，才能慢慢站立起来，无愧于这个职业，从专业成长的角度，也应完成这一蜕变。孔子，就是一位首先让自己成为一位读书人，而后才明了为师之道的圣贤。他把阅读一直坚持到老至死，所谓活到老，学到老。孔子学易，致韦编三绝。孔子晚而喜易，序象、系、象、说卦、文言，读易韦编三绝。曰："假我数年，若是，我于《易》则彬彬矣。"孔子寿七十三岁，当他风烛残年、步入晚境的时候，他发出这样的感慨。孔子是读书的模范。教育是一种特殊的劳动，是一种交往的实践，是一种先知先觉对后知后觉的引导和示范。这是一种极具智慧的引导和示范。因为，教师面对的是一个个鲜活的生命，一颗颗灵动的大脑，是一群生机勃勃的少年，每个少年都有一个独特的心灵世界，其心智水平、生活经验、思维方式、行为习惯等都各不相同，在其学习和发展过程中，需求不同，接受能力不同；面对他们，不是面对器物，教育他们，不是灌输填鸭，给不同的对象施以同样的教育不行，给相同的对象以不同的教育同样不行。失范而放任不行，规训过度而沦为禁锢也不行。这就给为师者提出了更高的要求。要破解个中难题，唯有阅读。教师的行为需要有专业理念引领，有专业学识支撑，而理念、学识，首先只能从读书中获得，通过读书，不断获取教育原理知识、教育行为知识、课程背景知识，方能不断改进实践，积累经验，使自己的专业行为日趋完善，使教育不断走向成功。这是一位教师成为一个阅读者的重要的和基本的条件。

　　然而，如果仅仅将读书的价值诉求局限于专业行为不失范、无瑕疵，就不免有些褊狭，就贬损了读书的价值。阅读使人明智。教师的出发点是学生，落脚点也是学生。从职业素养来看，从专业使命来看，教师都应毫不犹豫地坚守这一价值取向，致力于通过读书，让自己的专业行为走向科学，走向规范。其实，教师的读书如能持之以良好心态，辅之以合理安排，就会为自己的职业生活平添许多情趣，成为一个人生命实践中最可品味、最感充实的生活场景。读书付出精力，又启动了思维和情感，不仅让书籍内容发生新的拓展，又可在既有的基础上代替作者去进行新的创造。读了相关书籍，运用于实践，在不断改善专业行为的同时，会产生心领神会、豁然开朗的愉悦感。一旦读书真正形成了习惯，融入了自己的职业生活，书籍便如空气和水分般不可或缺，感觉每天都要如呼吸与饮水般在读书中源源不断地汲取养分。即使在职业限度内，也是孜孜不倦地吸收各种新闻、故事、人物报道、经验介绍、高层信息、前沿理论等，在不断的提升中带来精神的愉悦。

读书对于一个不断探求和发现的人又何尝不是一种幸福。一个人一旦超越了职业活动带来的物质待遇和名誉标识，一旦抛开物质名誉带给人的愉悦或痛苦，那么，他就会成为一个站在精神的制高点上的人。他将超越职业活动本身而让自己把握人生事业的方向。人的一生，主观需求与客观供给常常处于悖论之中。人一旦陷于欲望泥潭，便永无满足，然而，社会所能给予的恰恰很有限。精神的追求是无限的，它给一个人的发展带来无尽的远方、无边的风景。人愈是专注于活动本身的意义，愈能从中发现乐趣。比如说，一个教师愈是专注于教育本身，教育便愈会敞开意义的空间，给专注者、探索者以获得意义与价值的机会。因此，能在职场中获得真正的幸福。阅读，就是通往这条幸福之途的不二法门。教师专注读书，就是摆脱名缰利锁，追求职业幸福的一剂良药。这样说，并无意于麻痹和麻醉，并不是让每一位教师都放弃物质利益的获取，而是在更高的层面上提升自己的幸福指数。有些时候，越是忘记了对现实利益的追逐，利益倒会不请自来，这是另外的意思了。我们要说的是，那些启人心智、发人深省、耐人寻味的书籍，给我们以睿智的眼光、深沉的思想，去发现生命的真谛，去参悟教育的意义，去指引铺就诗和远方之路，让一位爱读书的教师会更加从容地走向美好的教育春天里。

大量地阅读，应是读书的基本要求。现在，学校教育常常缺少了一种襟怀和气度，不敢安排太多的阅读课。理由是怕冲淡了其他学科。殊不知，读是一种最基本的学习方法，即使课内的书，也有一个愿读、会读、读会的问题。再是害怕学生课后读了坏书会变坏。总觉得学生的分辨力不强，缺乏应有的免疫力，这正是老师应该着力的地方。人的免疫力是在和各种病菌的斗争中产生的。人的正确认识、情感、价值观，也是在战胜了错误的认识、情感、价值观之后建立起来的。把学生放在无菌的环境里，并不一定是一种负责任的态度。学生总有一天要离开学校，要独立面对生活，到那时候，他们依然面临着如何分辨、如何选择的问题。如果在学校里不能尽量多地让学生阅读，如果在学校里没有过阅读过程中的思考、辩论、评价，那就是迟滞了学生的成长和发展。

师者，所以传道授业解惑也。阅读是一种基本的学习方法，并不意味着老师责任的减轻。从某种意义上说，倒是更重了。在指导阅读上，老师的任务很重。要让每一位同学深知阅读的重要性，要耐心帮助每一位同学制订阅读计划。计划要适宜，不要贪多贪大。读一本好书，读懂读深读透，就会有很大的收获。老师要首先成为一个阅读者，要在扩大阅读视野上，做学生的参谋。要尽量多地把不同风格的作品推荐出来，以培养学生的阅读个性和阅读好尚，有不同的阅读追求、阅读兴趣，有自己喜欢的作家作品，有自己钟情的知识领域，这是学生健康成长的标志。中学阶段，学生有一个时期对读书产生迷恋，如饥似渴，应该是一件好事。要经常开展读书报告会、辩论会，开展书评活动。要提倡读有丰富内涵、有深邃见解的书。要培养学生知难而进的读书习惯，越是难懂的书，读懂了，受益也越大。社会上流行的快餐文化、消遣文化，读起来省力，读完了省心，轻轻浅浅，让人在一个平面上打转，不能提升，不能发展，时间长了，还养成思维懒惰的习惯。

旧书不厌百回读，熟读深思子自知。有一句话叫作把书读到寂静的程度。培养学生读书的习惯，营造适合学生读书的氛围，目的是让学生在阅读中思考，在阅读中成长，在阅读中进步。最终，让阅读内化成一种品质。当学生走出校门，走向社会，他依然是一个好读书的人，那我们就是做了一件功德无量的事。

　　读为前提，写以萌发。读是一种积累，好比土地，写是一种萌发，好比种子。写作是阅读的延伸。写作的灵感在阅读中得到激发。这个灵感，可以是写作的思路、写作的语言、写作的题材，也可以是写作的主题、写作的角度等。初期的写作，其实就是一种模仿。像一个孩子牙牙学语、蹒跚学步一样。读得多了，自然有话要说。由学说话，到流畅地说话，有独立的思想，独到的见解。所以，文章是阅读之树上结出的果子。只有阅读之树常青，那树上的果子才会丰满，才会鲜美。让我们先成为一个读书者，再成为一个教书者。

有梦想者有未来

——写在聊城五中建校三周年的日子

中学阶段正是一个人的世界观和人生观形成的关键时期，他们青春的热情，需要引导，更需要激发。只要建立起明确的人生信念，他们的能量就会放射出耀眼的火花，他们的人生就会奏出动人的乐章。我们处在这样一个伟大的时代、一个伟大的民族，百年振兴的梦想就要在我们的眼前变成现实。习近平总书记对"中国梦"的深情展望和深刻阐释，对民族复兴的尽情畅想，点燃了每一位中华儿女内心的激情。以此为契机，让"中国梦"成为莘莘学子共守的信念，让"中国梦"凝聚起青年学子的万丈激情，把"中国梦"变成每一位中学生的大学梦、名校梦、未来人生的成功梦。中国梦，其实正是每一位中学生，乃至每一位中国人的千千万万个梦想的集合。从这个意义上讲，每一位中学生的发展与未来，都与祖国的命运息息相关。对于这一重大命题的思考、实践，都展现出强大的魅力，也显示出强大的生命力。

聊城五中是一所新建学校。在这块热土上，一代五中人，以他们崇高的信念和满腔的激情书写着五中人的光荣。时间翻开新的一页，在奋进的时代，五中人正以骄人的业绩得到同行和百姓的认可。一所从废墟上拔地而起的学校，一所精细化管理的样本学校从这里诞生。短短几年里，学校从几个教学班、几十名教师的规模，发展到如今几十个教学班、几千名学生的规模。学校以她秀美的风姿，绰约而立，引来大家的赞叹。而这一发展历史，也是五中人满怀激情、奋力拼搏的历史。

聊城五中取得如此骄人的业绩，她成功的法宝，在于拥有着一支优秀的教师队伍。在这支队伍里，"执着"成为他们的标志，"奉献"成为他们的追求，"敬业"成为他们的精神内核，而这一切融合在一起，就是五中人强烈的精神信念和可贵的事业激情。正是因为有这样的精神，五中人才能在每一堂课上展示出动人的风采，才能在每一天平凡的工作中兢兢业业，也正是因为有这种精神，五中人才能在关键时刻顶得上，干得好。一大群老师舍小家为大家，他们有的顾不上陪伴在上学的孩子和家里年迈的双亲，风雨无阻，奔波在每一个晨昏；有的毅然决然扛起支教的旗帜，去支援乡村地区的教育事业，在支教队伍里，总有五中老师的身影；有的老师为家庭贫寒的学子默默捐款捐物，几年如一日。他们把"假如我是孩子，假如是我的孩子"当作执教的座右铭，每一位老师都是爱生如子、耕耘讲坛的模范，每一位老师都是学生最亲近的人。正是这一支有着崇高信念的教师队伍，造就了五中今天的辉煌。

回顾五中成长发展的历程，最让人感到振奋和震撼的，依旧是两个词语：信念和激情。这中间，有同学们对梦想的解读，也有老师们对理想的追逐，更有全体师生对如何实现梦想的雄心和奋斗。最重要的，这种信念和激情，它不是一个人的梦想，这是一个群体、一所学校的梦想，而且又和一个国家、一个民族的梦想有着共同的节拍。这是一个有梦想的群体，因而也是一个让人羡慕的集体，一个有魅力的集体。他们正在以他们的激情创作出最饱满的华章。成绩让人平添力量。回顾五中人走过来的每一步，不由得让人激情澎湃，不由得让人热血沸腾。有梦想者有未来，守住梦想才能创造未来。我们相信，这样的一群人，是蕴藏着奇迹又能够创造奇迹的。

又想起了当年毛主席对青年人的慰勉："世界是你们的，也是我们的，但是归根结底是你们的。你们青年人朝气蓬勃，正在兴旺时期，好像早晨八九点钟的太阳，希望寄托在你们身上。"可以说，一次总结就是一次激励，也是一次畅想，更是一次激发和凝聚。聊城五中是孕育梦想之地，因而，我们有充分的理由预期并坚信，聊城五中的未来会更好。

鲲鹏展翅傲长空　骐骥奋足奔远志

江北水城梦里水乡，运河古都轻吟低唱。在这片厚实而又灵动的土地上，山东省聊城第五中学秉承"培养良好习惯，奠基幸福人生"的办学理念，坚持"五育并举，德育为首"的办学特色，砥砺奋进，勇于创新，致力于建设"明理修德，敬业爱生"的教师队伍，培育"勤学善思，奋发向上"的五中少年，打造"让学生快乐，让家长放心，让教师幸福，让人民满意"的品牌学校。短短两年时间，聊城五中就已显露锋芒，成为城区一所冉冉升起的"教育新星"。

高屋建瓴，强势崛起

在党中央"优先发展教育，建设人力资源强国"的战略部署下，聊城市委、市政府及市区委、区政府高屋建瓴，集中力量筹资2.3亿元，新建起高标准、现代化的九年一贯制公办学校——聊城第五中学。这里地理位置优越，校园环境幽雅，教学设施完善，育人理念先进，设有幼儿部、小学部、初中部三个教学部，一所现代化的学校正迅速在城区崛起。

万丈高楼平地起，挖多大的坑建多大的房。可见，基础设施是行业发展的最基本的物质基础，它决定了构建在它之上的行业的发展起点。学校要发展，只有加强硬件设施建设，完善基础设施，才能让学生安心安全地在学校学习和生活，这也是学校生存和发展的重要保证。走进这所全新的学校，迎面而来的是一条笔直宽阔的校道，校道两侧的小树随风摆动，蓄力成长；广阔的操场、碧绿的草坪映入眼帘，高标准的教学楼、综合楼巍然而立，现代化的多功能室一应俱全……优质的硬件设施设备无不彰显出学校的现代化教育气息，有利于五中少年在这里舒心学习、快乐成长，不断书写出成人成才的新篇章！

以德润心，崇德向善

"才者，德之资也；德者，才之帅也。"国无德不兴，人无德不立，育人的根本在于立德。在全面实施素质教育的过程中，聊城五中始终坚持以德为首的工作思路，不断探索和完善德育工作新途径，着力培养学生高尚的道德情操、扎实的科学文化素质、健康的身心素质、良好的审美情趣，努力提高学生的综合素质，使学生成为社会需要的合格人才。

根据学生成长档案，聊城五中因材施教，有目的地开展丰富多彩的活动，强化学生良好的行为习惯。如幼儿部的"环保时尚达人"和"二十一天在行动"，小学部的"入校即队、入室即静、入座即学"特色校园日常行为规范评比以及国学经典诵读活动，初中部的"习惯好少年"以及全校"每天锻炼一小时"校园阳光体育运动等活动，不仅丰富了学生的校园文化生活，强化了学生的素质教育，还促进了学生优良品德的形成，让学生在幸福快乐的环境中获得全面发展和个性成长。

课程筑基，提升质量

课程是教育的载体，也是学校文化的核心，更是培养学生素养能力的基石。可以说，课程在学生成长中处于核心地位，课程的影响力决定学校的影响力。开发适合学校实际与学生需要的学校课程，不仅是新课程改革的需要，更是学校发展的必由之路。

本着"激发兴趣、尊重差异、彰显个性、提升素养"的基本课程理念，聊城五中紧扣"人文底蕴、科学精神、学会学习、健康生活、责任担当、实践创新"六大素养，开发了符合市情和校情的特色化课程，开设了欢乐唱、二胡、电子琴、思维绘画、快乐剪纸等个性化课程，丰富了学生学习内容，拓宽了学生学习途径，促进了学生科学素养与人文素养的同步成长。

教育就是点燃，就是浸润，就是唤醒。在传统应试教育思想的影响下，在教师单调死板的教学方式中，学生虽然能够得高分，但能力低。为积极探索课堂教学的新思路和新方法，聊城五中博采众长，紧紧围绕中学生核心素养的培养逐步形成了自己特有的"115"教学模式。第一个"1"，即一个基点，把遵循生命成长规律、遵循优质教育作为最基本的出发点；第二个"1"，即一条主线，把学生自主学习作为学习过程中的一条主线，让主动发现知识的喜悦成为刺激学生茁壮成长的不竭动力；"5"，指授课流程中的五个步骤："温故知新—明确目标—自主学习—互助探究—分层巩固"。通过自主选课创设适合孩子健康成长的良好生态环境和生态课堂，让他们成为学习的主体，从而培养学生爱阅读、爱思考的良好习惯。

修炼师德，熔铸师魂

要建筑一座教育的高楼大厦，必须有好的建筑师，而教师就是人类灵魂的"建筑师"。只有充分发挥教师的"立教"作用，才能培养可持续发展的学生，创办可持续攀高的学校，实施可持续提升的教育，继而打造出具有更高的追求、更宽的视野、更大的气魄的教育名校。

在"奉献，担当"的五中精神引领下，一支年龄结构合理、业务能力强、综合素质高、能吃苦、有活力的教师团队已经茁壮成长起来。老师们在理论上不断与时俱进，在方法上不断开拓创新，在实践中不断探索，为聊城五中的持续蓬勃发展打下了坚实的基础。

辛勤耕耘已现春华景，努力拼搏再奏秋实歌。作为一名教育者，必须做到心中有梦想、眼前有目标、手中有方案、脚下有行动，不仅要成为仰望星空的思想者，更要成为脚踏实地的行动者。站在新的起点上，尽管聊城五中已显示出蓬勃的生命力，实现了新时代教育发展的良好开局，但是面对未来，学校仍需戒骄戒躁，优化资源，与时俱进，砥砺奋进，方能努力描绘未来发展的新蓝图，为聊城教育的改革与发展谱写出新的华章！

（发表于《语言文字报》）

附

录

"1＋1＞2"的增值效应

——聊城五中九年一贯制教育探索

在聊城市，九年一贯制学校并不多，而聊城五中，就是一所九年一贯制学校，校长徐俊峰结合学校九年一贯制特点，强调中学和小学两部的"一以贯之"，同时，学校既尊重各部特点，又特别注重发掘两部之间的契合点。优势互补，优化组合，科学整合中小学部特质优势，努力创造"1＋1＞2"的教育增值效应，并将其转化为教育质量优势和办学效益优势。

这里的学生习惯好

"现在同学们的阅读习惯特别好，进入教室就能自觉读书。"谈及进入聊城五中的感受，六年级（2）班学生亓立霞告诉记者。作为新建学校，该校高年级学生大多数是从周边学校分流而来，行为习惯不统一，管理难度较大。学校利用一贯制学校特点，实行德育衔接，从习惯养成入手，打好基础。正如徐俊峰所说，"没有好习惯，何谈好学习"。

学校每月设定一个主题，有针对性地开展活动。9月份开学第一个月的主题即为习惯养成月，从学生坐姿、写姿、走姿等细处着手，夯实常规、细化考核，德育教育渗透课堂，一年下来，学生的习惯有了很大变化。如今走进聊城五中，无论是小学部还是初中部任意一间教室，入室即静、入座即学，每天练习书法已经是每个学生的自觉行为。"学校细化管理，加上家庭督促，我现在学习习惯比原来改善很多，成绩也从入学的十几名进步到班级前三名。"八年级学生蒿宪任就是良好习惯养成的受益者。

这里的课堂很高效

不同学校分流的学生，不只是习惯不同，层次也有很大区别。为了创设适合孩子健康成长的良好环境，打造生态课堂，该校推行"115"教学模式，以遵循生命成长规律、追求优质教育为基点，以自主学习为主线，通过"温故知新—明确目标—自主学习—互助探究—分层巩固"等流程，打造师生、生生学习共同体，突出和强化学生核心素养的培养。真正体现学生是学习的主体、发现的主体，老师是学生成长的陪伴者、领路人。"115"教学模式取得了良好效果。

"课堂上我们先分组讨论，再选人上台展示，相比小学老师填鸭式的讲法，我更喜欢现在的上课形式，感觉能收获更多知识。"八年级一位同学表示。而每周两节课的社团活动，更让她有了区别于其他课堂的全新体验。"我学的是手工制作，比如折纸的时候老师会把折纸与几何知识联系起来，边玩边学，印象也很深刻。"

为了拓展学生能力，该校积极开设社团活动，让学生自主选课，学生根据兴趣自主选择。在小学部，还根据学生实际开设"四点半课堂"，每天放学后一个小时，教师义务加班，为有兴趣爱好的学生进行舞蹈、合唱、语言表演、国际象棋等方面的培训，既满足了学生个性发展的需求，又解决了家长接送时间不合适的后顾之忧。

这里的教师成长快

"我这次讲的是'分数的初步认识'这节课，去之前在学校试讲了3次，老教师提出了很多意见和建议。听取他们的建议，我试着根据孩子的反应去讲课，课堂气氛提高了，时间也把握得刚刚好，特别感谢我们学校的老教师。"刚刚参加完区十佳教师评选的房琳老师告诉记者。

为了提升教师整体专业素质，该校注重教师成长工作。本着专业成长要扎根课堂的认识，领导班子深入课堂听课，集体磨课。通过集体备课，让教师在原有知识积累的基础上，交流出火花，并建立资源库，提升专业能力。每学期进行全体教师参与的公开课展示活动，全组共同磨课，打造精品课程，帮助年轻教师成长。

（《聊城日报》2018年12月16日）

挥如椽巨笔　书教育华章

——聊城五中三年发展规划开局之年步伐纪实

一年前，聊城第五中学校长徐俊峰提出了三年发展规划，力争用三年时间，形成自身办学特色，将学校打造成为一所"学生快乐、教师幸福、家长放心、人民满意"的品牌学校。

如今，一年过去了，在全校师生的共同努力下，聊城第五中学顺利完成了规划发展年的阶段性目标，在学校改革创新发展的道路上迈出了坚实的第一步。

"五育"并举　德育为先

"五育并举"，德育为先。在这一办学理念的指导下，聊城第五中学逐步形成了独具特色的"生态"教学模式，使学生体验到学习的快乐，拥有了强健的体魄和健康的心理，真正成为德、智、体、美、劳全面发展的人。

在聊城第五中学，德育教育渗入到了课堂内外的每一个角落，并与智育、体育、美育、劳育紧密地结合在一起。走进聊城第五中学教学区、教室的黑板报、走廊上的展板，都成为学校德育教育的阵地。

每周一早晨的"国旗下讲话"，是聊城第五中学每个学生的德育必修课。

学校定期开展红色教育主题班会，老师们带领学生观看"传递红色基因，争做时代新人"视频，做到德育教育常态化。

德育与智育相结合。五年级语文老师鲁晓佩是一名班主任，有着留学韩国经历的她教学思路非常开阔，每次课程教学结束时，她都会对所教课文的主题进行升华，提升学生的爱国主义情怀。"在讲完《冀中的地道战》一课时，我向他们讲述了革命先辈们无穷的智慧和不屈的斗志，告诉他们和平年代要居安思危，好好学习，积蓄力量，报效祖国。"鲁晓佩介绍说。

德育与体育相结合。聊城第五中学非常重视学生身体素质的锻炼，每天都为学生保证一个小时的活动时间，促进学生身体协调发展、健康成长。学校在开展常规的跑步、广播体操、眼保健操的基础上，还为学生创造性地编排了跳绳操。"学校每年召开两次校园运动会，我们鼓励学生在运动会开幕式的方阵入场表演中融合传统文化元素，使他们对中华民族传统文化更加热爱。"学校体育教师刘本磊说。

德育与美育相结合。"课前一首歌"是聊城第五中学的一大特色，在课前合唱的这些歌曲中，大多以红色歌曲为主。郑秋菊是学校三至六年级的音乐课老师。她说，通过演唱红色歌曲，提升了学生的爱国主义情感。

德育与劳育相结合。在聊城第五中学，捡垃圾是一项人人热衷的活动，"有时候，学生看到一片小树叶都要捡起来。"鲁晓佩告诉记者。平日里，学生会主动帮助老师打扫卫生，养成并保持良好的卫生习惯。在每个班级的后面，都有一个供学生丢弃废纸的白色垃圾桶，学生们把废纸整齐地放到桶里，等积攒到一定数量就交到教务处老师那里，由教务处老师统一卖掉后，再把钱反馈给各班做班费。"其实，每次卖的钱都不算多，但是学生们都很高兴，也就不再随意丢废纸了。"鲁晓佩老师说。

"生态"课堂　因材施教

教育是点燃，是浸润，是唤醒。创设适合孩子健康成长的良好生态环境，打造生态课堂，培养孩子爱阅读、爱思考的良好习惯，是聊城第五中学"生态"课堂的核心。

"每一个孩子都是一颗刚刚萌发的种子，需要适宜的空气、土壤、阳光和水分。"学校开创了"115"教学模式，围绕中学生核心素养的培养，着力于生态校园、生态课堂建设，让学生在幸福快乐的环境中获得良性发展。

"115"教学模式，即遵循生命成长规律，追求优质教育这一基点，围绕自主学习这一主线，形成"温故知新—明确目标—自主学习—互助探究—分层巩固"五个流程统一的独特教学模式。

"温故知新"强调提醒和检测，通过强化学生"学而时习"的认知，让复习和巩固慢慢固化为习惯；"明确目标"强调"学什么"比"怎么教"更重要，让学习目标的出现既可以"开门见山"，也可以"水落石出"；"自主学习"依据以学为主、先学后教、以学定教的方式，为学生提供自我成长的充分空间；"互助探究"，即小组合作，探究交流，在小组合作探究的基础上，做出小结，达成学习目标；"分层巩固"，即为学生设计分层题组进行训练，及时巩固所学知识。

"115"教学模式目标细化明确，可操作性强，尤其对新入职的教师来说，非常具有指导性。在过去的一年里，聊城第五中学在这一模式的引领下，打造出了氛围浓厚的生态课堂，让学生真正成为课堂的主人，教师成为学生成长的示范者。2018年9月，刚刚入职的英语教师张倩就是这一模式的直接受益者，经过一年的教学实践，张倩老师的教育教学水平突飞猛进，并在2019年聊城第五中学的青年教师课堂大赛中取得佳绩。

"师徒"结对　共同成长

教师队伍建设是学校发展的关键。作为一所成立不久的新学校，该校的年轻教师的数量占到半数以上。如何使青年教师快速成长为"中流砥柱"，成为这所年轻的学校面临的一大问题。

　　"师徒"结对，共同成长，是聊城第五中学解答难题的"金钥匙"。学校采用新教师向老教师"拜师"的方式，由一位老教师带领3位年轻教师进行备课、上课、评课等常规教学工作。一堂课反复磨、反复评、反复讨论，切实让年轻教师的业务能力获得提升。

　　初三年级主任丁秋喜是一名教学经验丰富的英语教师，在学校举行的"拜师"仪式上，她收下了3个年轻的徒弟。每周在上完自己的课后，她都会利用闲暇的时间去徒弟的班里听课，然后再进行集体评课。"我们这些老教师会为'徒弟'推荐阅读书目，在教研时集体讨论，有布置、有落实。"丁秋喜告诉记者，"去年，我们学校新入职了40位年轻教师，为我们的学校注入了一股新鲜的血液。看到他们一点一滴的进步，我们感到无比欣慰。"

　　"读万卷书，行万里路。"教育的发展需要借鉴先进经验，教师的发展需要拓宽自己的视野。聊城第五中学为教师专业成长创设各种学习机会，先后组织教师去青岛、茌平等地参加教育专家指导培训会。除此之外，还邀请高校教育专家来学校作报告，真正做到了教师发展培训"走出去"，经验"引进来"。

（《聊城日报》2019年10月22日）

为提升中学生核心素养凝心聚力

——徐俊峰校长访谈录

　　记者：徐校长，您好！聊城五中的发展，展现了您作为"水城名校长"的眼界和胸襟。从2017年任聊城五中校长以来，伴随着中学生核心素养培育的全力施行，秉承教育创新的理念，您在2017年第一次初中家长会上的讲话中高度概括了全面推进初中生核心素养教育的基本目标和主要任务，秉承新形势下中学生核心素养教育的精神和要求，对聊城五中初中生核心素养教育的深入实施做了具体规划。请谈谈您如何看待中学生核心素养教育。

　　徐俊峰：聊城五中的教学质量，尤其是校本课程的开发，走在了全市甚至全省的前列，吸引了不少其他城市的兄弟学校到这里参观学习。2019年10月，聊城市提升中学生核心素养成果展示及表彰大会选在聊城五中举办。这次大会，既是对全市初中生核心素养教育的一次全面检阅，也是对聊城五中全面推进初中生核心素养教育的肯定和激励。而这都要归功于聊城五中对"以人为本"的中学生核心素养教育理念的深刻理解和全力落实。

　　第一件事是有效提高教师素质。我们从打造学习型教师队伍入手，开展"书香校园"建设。我们的图书馆、阅览室、师生阅读长廊年年得到充实，我们做每一件事，决不只为了追求好看、观赏，而是实实在在地服务于全校师生。我们的目标就是，让每一位老师成为阅读者，增添老师身上的书卷气，让阅读塑造老师新的精神面貌。我们深信，一群有学养有思维会思考的老师，才能带出一届又一届有文化、有思想、懂审美、会学习的好学生。所以，努力提高教师的业务素质和教学水平，不是一句空话，而应是一次次的学习之旅、修养之旅。

古人云，读万卷书，行万里路。为提升老师育人的核心素养，我们做的第二件事，就是走出去，学先进，取真经。打开老师的眼界，解放老师的思想。这几年来，我们到青岛、济南、潍坊、宁波、曲阜、北京等地参观学习，让老师们看到外面的世界。既看到人家的长处，也发现我们自己的不足，所谓知耻近乎勇，只有明白自己存在的不足，才能学有动力，赶有激情，也才能找到目标和方向。同时，我们经常聘请外地的专家学者来校"传经送宝"。尤其是那些在教学一线卓有成效的名师们。我们和青岛三十一中结队帮扶，成为姊妹学校，原红校长亲自来给聊城五中教师做报告、开座谈会，走进我们的教室，为我们的学生问诊把脉。我们申请让东昌府区的名师大讲堂设在我们学校，让老师们足不出户，在家门口就能聆听名师们的教诲。在此基础上，将新的理念引入学校，引入课堂。我们在全校喊响一个口号：质量是课堂的生命，效率是课堂的目标。我们把提高课堂教学效率作为教师的基本任务，向课堂要效率，向教改要质量，向有素养、有追求、有理想的教师要成绩。

我们认准了一个道理，只有师资的高质量，才能有学生的高素质。因此，我们始终牢牢地扭住提升教师修养这个牛鼻子不放。为此，我们开展一系列的评优评模活动，以活动促进教师的发展，以活动激发教师的热情。我们开展了评选优质教案、优质课、优秀教师的多层次、多梯次、多维度活动，促使教师授课的规范化、科学化、趣味化。我们支持教师积极参加各级各类教研活动。学校各学科几乎都承担了教改教研课题，如语文学科的"强化读写联动，提高语文核心素养"的实验等；我们提倡人人有课题，个个会科研。

我们从"草根课题"做起，让每一个人都有自己的校级课题，真正实现教学即研究的目的。

中学生核心素养提升是五中育人的核心。学校努力培养学生良好的学习习惯，让学生充分动脑、动手、动口，增加活动课和实验课的分量。在课堂教学实践中，我们遵循"重在启发、善在点拨、贵在引导、妙在开窍"的思想，严格控制教师课堂讲授的时间，坚持学生能做的教师不做，学生能学的教师不讲，充分培养和发挥学生的主观能动性和创新能力。

通过一系列有效措施，学生探索新知和发现问题的积极性得到了极大调动，有力推动了中学生核心素养的培养和提升。

记者：在对聊城五中核心素养教育开展的规划措施中，您谈到执行国家课程标准，大力推行"高效课堂"，以"高效课堂"保障学生知识的获取和能力的提高，并且在"科研兴校"政策指导下，聊城五中信息化教学手段也得到大力提升。请您谈谈五中课堂突破的具体表现是怎样的，遇到哪些问题，如何成功应对。

徐俊峰：教育的真谛就是培养学生的学习能力，使其自主学习、创造性学习、终生学习。只有这样，才能给他们一把开启成功之门的金钥匙。对此，学校提出了"推进精致化教学"的思路。

现在，在五中的课堂上已经出现一些可喜的现象：几个人一组自主合作、讨论；几十人踊跃展示，争相解题板演；轻松地走上讲台，面对全班几十人大胆而又精彩地梳理讲解；全体互动有条不紊，自学时井然有序。根据老师提供的学习目标，小组长布置不同的学习内容，小组内部互助、自制式的管理，使每个学生在学习的过程中不懈怠、争先进。人人都有具体明确的学习任务，真正做到了人人有事做，事事有人做，学习的氛围空前浓厚。我们觉得，学生的主动性、学生的思维能力和学习能力，这些本身就是中学生核心素养的主要内容。自主学习促进了创新教育，我们引导学生提素质，求创新，学生的电脑作品、机器人制作等屡获佳绩。

确定了以培养中学生核心素养为主抓手的课堂追求之后，其实就是对学校工作又有了一个全方位的提升方案。运行一段时间后，发现还存在一些问题和不足，例如，部分教师与学生的沟通不足，对新课程理念、中学生核心素养教育精神贯彻不够。表现在课堂上，有的教师因循守旧，依然坚持"满堂灌""一言堂"，忽视学生互动，授课以自我为主，缺少启发与诱导，只注重分数，忽略学生的德育和实践能力培养。课堂上出现的问题只有通过课堂改革来解决，我们有信心突破阻碍，让五中的生态课堂再上新台阶。

记者：种种举措表明，从您任职以来，您在落实国家课程、地方课程和校本课程的总体规划上特别严格、细致。请问您的治校方针及实施校本课程的理念是什么？

徐俊峰："天下大事，必做于细"，聊城五中积极探索学校高效管理的新路子，把精细化管理引入学校管理的各个层面。从校园建设的一草一木，到课堂教学的一言一行，五中人始终关注细节，从细节入手，在细节中寻求发展，在细节中创造奇迹。

建精品化学校，硬件必须配套。学校建起了高标准的教学楼、体育馆、塑胶操场、餐厅；学校的实验室、微机室、图书室、阅览室、科学报告厅、音体美器材室等功能用房一应俱全，有全市最先进的多媒体教学系统；给每个教室安装了空气能热泵，确保师生冬暖夏凉，为学生营造了一流的学习环境。学校为每位教师配备了台式电脑，便于教师运用新媒体组织教学，这一切都为我们打造一所高品质的品牌学校打下了坚实基础。

学校是学习的地方，课堂是学校的生命线。学校坚持"以生为本"的人文理念，坚持把中学生的核心素养作为课堂教学的核心内容。教师在课堂上，不仅要考虑自己如何教，更要考虑学生如何学；不仅要让学生学得好，更要考虑学生身心愉悦、健康成长。老师们逐渐体会到，他们在教学中要尊重每一个学生的独特个性，为每一个学生的充分发展创造空间。学校推行精致化教学的新举措，就是要关注学生的个体特点，关注学生的未来发展，为学生的终生学习打下良好的基础。为此，聊城五中的课堂，不搞疲劳战术，严格控制学生在校时间，限制学生考试次数，制止重复性机械性作业。教学管理严格执行"三不准"：不准晚放学、不准拖堂、不准布置过量作业和重复性作业；试卷执行"三不选"：偏题怪题不选、套题不选、机械重复题不选；作业提出"四必"要求：有发必收、有收必批、有批必评、有错必纠。

让每盏灯都亮，让每块玻璃都完好，让每个死角都洁净，让每辆自行车都摆放整齐等，无不折射出五中学校管理从细处着手的精细化管理之风。学校的每一点进步，正是得益于学校不放弃、不抛弃，抓实效、抓落实的精细和精致。越是往细处做，我们就越是体会到教育本身就是一件需耐得住寂寞的绣花功夫，要舍得花笨功夫，要有浇灌的辛勤，才能等得到花开。教育是艺术，课堂是教师精心打造的一件艺术品，我们的每一位教师，都形成良好的习惯，那就是在教学管理环节的每一个细微之处，发现问题，反思问题；而每一次发现，每一个问题的解决，都是对一件完美的艺术品的再丰富、再完满。学校每一项成果的取得，都离不开五中人始终不渝地关注每一个教学环节和求精求细的工作作风。以此为基，学校育人取得累累硕果便不足为奇。

记者：聊城五中"以德治校"方针渗透在校园文化的方方面面，五中文化是一种微观教育文化，从校风、教风到学风，从墙壁文化、班级文化、教学楼文化、餐厅文化到绿化带文化，"德"字主导，育人为本。请您具体谈谈五中的校园文化建设方针是什么。

徐俊峰：聊城五中在建校之初，就确立了"以德育人，五育并举"的教育理念。文化既是看得见摸得着的一砖一石、一草一木，又是看不见摸不着的一种内涵、一种精神、一种氛围。它就像人们须臾不可或缺的阳光、空气和水一样，它存在着，我们感觉不到它有多么重要，一旦缺失，就会带来灭顶之灾。我们把学校文化定在这样一个高度，感觉是合适的。学校文化氛围，是一所学校的精神之魂，聊城五中追求微观教育的管理文化，是学校在不断的教育实践中所凝结、积淀起来的一种文化氛围、一种价值观念、一种精神力量，也是广大师生所认同的道德规范和行为方式。五中营造文化的目的是让每一位学生成长为身心健康、全面发展的人，是让每一位学生享受到教育的愉悦和幸福，让他们在学校里体验到自信、快乐和成功。

聊城五中的办学宗旨是：培养良好习惯，奠基幸福人生。办学特色是：五育并举。培养目标是：坚持五育并举，德育为先，全面落实素质教育，让孩子成为德、智、体、美、劳全面发展的人。我们的办学愿景就是：努力创办一所让"学生快乐、教师幸福、家长放心、人民满意"的品牌学校。

围绕五中的办学理念，我们的做法是小步慢跑，梯次升温。第一步，树信心，让自信的彩旗在每一个孩子心中飘扬。我们就是要告诉五中的每一个孩子"人生本无种，努力会成功"。第二步，利用墙壁文化营造自信氛围。走进五中，你会发现每面墙壁都会"说话"："我自信，我参与；我努力，我成功""心有多大，舞台就有多大"等；教室里悬挂着名人肖像，张贴着"不要等待机会，而要创造机会""信念决定命运，品格决定人生"等励志名言。甚至学生餐厅、走廊也挂满了"健康学习，快乐做人"等标语，时刻激励学生奋发向上。第三步，立鸿鹄志，读万卷书。"学灯明心""登高望远台""耕田桃花源""琢玉轩""善知明心角""易逢春小站"等，由学生自己设计各具特色的壁报组成的文化长廊，既点缀了校园，又锻炼了学生的能力，也给学生提供了展示平台。第四步，课堂宣誓，提高学生的自信。课前，雄壮激越的宣誓声振作了孩子们的精气神。课间操，同学们步伐整齐，"激情无限，智慧无穷""敢立壮志，誓夺第一""我自信，我成功"的口号铿锵有力，荡漾在校园上空。第五步，个性化奖励，让每个学生都有机会享受成功的快乐。"才华横溢"奖、"探索学习"奖、"坚强自信"奖、"科技发明"奖、"完善自我"奖、"五中之星"奖，一个个独具特色的个性化奖励项目，让学生感动并肯定自己的每一点进步与成功，让学生看到自己的力量，从而激发起内在活力，满怀信心，不断争取新的进步。第六步，利用升旗仪式播种远大理想和自信精神。每周一，全体师生参加升旗仪式，我们要求中层以上领导必须参加，护旗手护卫着国旗，昂首正步，庄严肃穆。每次安排一名学生和一名中层以上领导在国旗下讲话，对学生进行理想教育和励志教育。

多种形式的启发激励，让学生找到自信，从潜意识里一点点建立"我能行"的信念，让自我发展、绝不放弃的激情始终在心中升腾。专题演讲、征文及书法比赛等深受学生欢迎的活动，在丰富学校文化生活的同时，也极大地激发了同学们向上向善的积极性、主动性和创造性，让学生真正享受到学习的快乐。

桃李不言，下自成蹊。五中学生高扬起自信的风帆，驶向成长的彼岸。

记者：请您谈谈目前聊城五中"115"教学模式的探索和实践。

徐俊峰：课堂是学校的生命线，为了实现学生的全面发展，学校立足于提高课堂效率，打破"填鸭式"教学模式，下大力气进行课堂改革与创新。学校开展了以"115"教学模式为主的课堂教学尝试，尤其在青年教师中开展竞课、赛课活动，极大地提升了教育教学水平。

以学生为"轴心"，将过去的教师单向灌输转变为师生双向互动，教师的教学行为由"带着知识走向学生"转变为"带着学生发现知识"，学生的学习行为由"带着教材走向教室"转变为"带着问题走进课堂"。这就是我校课堂教学的"115"教学模式基本思路。具体说来，其指导思想就是，创设适合孩子健康成长的良好生态环境，培养孩子爱阅读、爱思考的良好习惯。

倡导自主、合作、探究的学习方式，打造师生、生生学习共同体。突出和强化学生核心素养的培养，真正体现学生是学习的主体、体验的主体、感悟的主体和发现的主体；老师是一个陪伴者、参与者、领路人，同时，也是一位学习者，是学生成长的示范者。"115"教学模式的一个基点就是遵循生命成长规律，追求优质教育。每一个孩子都是一颗刚刚萌发的种子，每一个生命都需要合适的空气、土壤、阳光和水分。教育就是点燃，就是浸润，就是唤醒。由此出发，紧紧围绕中学生核心素养的培养，让学生获得良好的成长。"115"教学模式所遵循的一条主线是以自主学习为主线。学习不能包办，成长不可替代。学习的动力既来自老师和环境的激励，更来自发现的喜悦和成长的快乐。学习的困惑在探索过程中同样可以化为学习的动力。"115"教学模式的一种基本尝试就是新授课课堂流程探索尝试。这个流程规定了课堂的五个基本环节：温故知新、明确目标、自主学习、互助探究、分层巩固。

为认真落实这一教学模式，我校积极强化"推门听课"等四项措施：在听课过程中及时发现典型，树立典型，确立导向，不断巩固学习成果，让教师尽快掌握先进的教学方法，充分发挥学生的主体作用，准确高效地指导学生自学，精练适时点拨，保证课堂教学的"优质高效"；持续开展校本教研活动，组织研讨课、示范课、教学论坛等用多种方式提高教师运用"115"教学模式的能力；班主任科学合理地划分好学习小组，并建立相应的评价考核细则及管理制度，分包年级的校长、主任协调指导班主任、任课教师调控并发挥好学习小组的作用，各班级形成学习小组的总结表彰机制（评选"优胜小组""进步之星"等），并注重发挥班级文化、励志格言、德育教育的重要作用，确保"高效课堂"重要学习形式落到实处。

学校通过课堂大赛的方式对老师的课堂教学进行听课评估。组织经验丰富的专家团，对全校100余位教师推门听课，并针对老师的课堂教学进行现场点评指导，评委根据课堂教学的效果现场打分。学期末，学校依据本学期的综合成绩对部分教师授予"教学水平优秀奖"荣誉称号，并按照2：3：5

的比例设立一、二、三等奖，给予适当的奖励。教学水平优秀奖实施以来，教师动了起来，课堂活了起来，教师的综合素养得到了全面培养和提高，并为学校涌现出更多的名师奠定了坚实的基础。